I0170845

HEBREEUWS

WOORDENSCHAT

THEMATISCHE WOORDENLIJST

NEDERLANDS
HEBREEUWS

De meest bruikbare woorden
Om uw woordenschat uit te breiden en
uw taalvaardigheid aan te scherpen

3000 woorden

Thematische woordenschat Nederlands-Hebreeuws - 3000 woorden

Door Andrey Taranov

Woordenlijsten van T&P Books zijn bedoeld om u woorden van een vreemde taal te helpen leren, onthouden, en bestudering. Dit woordenboek is ingedeeld in thema's en behandelt alle belangrijk terreinen van het dagelijkse leven, bedrijven, wetenschap, cultuur, etc.

Het proces van het leren van woorden met behulp van de op thema's gebaseerde aanpak van T&P Books biedt u de volgende voordelen:

- Correct gegroepeerde informatie is bepalend voor succes bij opeenvolgende stadia van het leren van woorden
- De beschikbaarheid van woorden die van dezelfde stam zijn maakt het mogelijk om woordgroepen te onthouden (in plaats van losse woorden)
- Kleine groepen van woorden faciliteren het proces van het aanmaken van associatieve verbindingen, die nodig zijn bij het consolideren van de woordenschat
- Het niveau van talenkennis kan worden ingeschat door het aantal geleerde woorden

T&P Books Publishing
www.tpbooks.com

ISBN: 978-1-78716-439-0

Dit boek is ook beschikbaar in e-boek formaat.
Gelieve www.tpbooks.com te bezoeken of de belangrijkste online boekwinkels.

HEBREEUWSE WOORDENSCHAT
nieuwe woorden leren

T&P Books woordenlijsten zijn bedoeld om u te helpen vreemde woorden te leren, te onthouden, en te bestuderen. De woordenschat bevat meer dan 3000 veel gebruikte woorden die thematisch geordend zijn.

- De woordenlijst bevat de meest gebruikte woorden
- Aanbevolen als aanvulling bij welke taalcursus dan ook
- Voldoet aan de behoeften van de beginnende en gevorderde student in vreemde talen
- Geschikt voor dagelijks gebruik, bestudering en zelftestactiviteiten
- Maakt het mogelijk om uw woordenschat te evalueren

Bijzondere kenmerken van de woordenschat

- De woorden zijn gerangschikt naar hun betekenis, niet volgens alfabet
- De woorden worden weergegeven in drie kolommen om bestudering en zelftesten te vergemakkelijken
- Woorden in groepen worden verdeeld in kleine blokken om het leerproces te vergemakkelijken
- De woordenschat biedt een handige en eenvoudige beschrijving van elk buitenlands woord

De woordenschat bevat 101 onderwerpen zoals:

Basisconcepten, getallen, kleuren, maanden, seizoenen, meeteenheden, kleding en accessoires, eten & voeding, restaurant, familieleden, verwanten, karakter, gevoelens, emoties, ziekten, stad, dorp, bezienswaardigheden, winkelen, geld, huis, thuis, kantoor, werken op kantoor, import & export, marketing, werk zoeken, sport, onderwijs, computer, internet, gereedschap, natuur, landen, nationaliteiten en meer ...

INHOUDSOPGAVE

UITSPRAAKGIDS

Naamletters	Letter	Hebreeuws voorbeeld	T&P fonetisch alfabet	Nederlands voorbeeld
Alef	א	אריה	[ɑ], [ɑː]	acht
	א	אחד	[ɛ], [ɛː]	zwemmen, existeren
	א	מָאָה	[']	glottisslag
Bet	ב	בית	[b]	hebben
Giemel	ג	גמל	[g]	goal, tango
Giemel+geresh	ג׳	ג׳ונגל	[dʒ]	jeans, jungle
Dalet	ד	דג	[d]	Dank u, honderd
Hee	ה	הר	[h]	het, herhalen
Waw	ו	וסת	[v]	beloven, schrijven
Zajien	ז	זאב	[z]	zeven, zesde
Zajien+geresh	ז׳	ז׳ורנל	[ʒ]	journalist, rouge
Chet	ח	חוט	[χ]	licht, school
Tet	ט	טוב	[t]	tomaat, taart
Jod	י	יום	[j]	New York, januari
Kaf	ך כ	כריש	[k]	kennen, kleur
Lamed	ל	לחם	[l]	delen, luchter
Mem	ם מ	מלך	[m]	morgen, etmaal
Noen	ן נ	נר	[n]	nemen, zonder
Samech	ס	סוס	[s]	spreken, kosten
Ajien	ע	עין	[ɑ], [ɑː]	acht
	ע	תשעים	[']	stemhebbende faryngale fricatief
Pee	ף פ	פיל	[p]	parallel, koper
Tsaddie	ץ צ	צעצוע	[ts]	niets, plaats
Tsaddie+geresh	צ׳י׳	צ׳ק	[tʃ]	Tsjechië, cello
Koef	ק	קוף	[k]	kennen, kleur
Reesj	ר	רכבת	[r]	gutturale R
Sjien	ש	שלחן, עָשׂרים	[s], [ʃ]	spreken, shampoo
Taw	ת	תפוז	[t]	tomaat, taart

AFKORTINGEN
gebruikt in de woordenschat

Nederlandse afkortingen

abn	-	als bijvoeglijk naamwoord
bijv.	-	bijvoorbeeld
bn	-	bijvoeglijk naamwoord
bw	-	bijwoord
enk.	-	enkelvoud
enz.	-	enzovoort
form.	-	formele taal
inform.	-	informele taal
mann.	-	mannelijk
mil.	-	militair
mv.	-	meervoud
on.ww.	-	onovergankelijk werkwoord
ontelb.	-	ontelbaar
ov.	-	over
ov.ww.	-	overgankelijk werkwoord
telb.	-	telbaar
vn	-	voornaamwoord
vrouw.	-	vrouwelijk
vw	-	voegwoord
vz	-	voorzetsel
wisk.	-	wiskunde
ww	-	werkwoord

Nederlandse artikelen

de	-	gemeenschappelijk geslacht
de/het	-	gemeenschappelijk geslacht, onzijdig
het	-	onzijdig

Hebreeuwse afkortingen

ז	-	mannelijk
ז"ר	-	mannelijk meervoud
ז, נ	-	mannelijk, vrouwelijk
נ	-	vrouwelijk
נ"ר	-	vrouwelijk meervoud

BASISBEGRIPPEN

1. Voornaamwoorden

ik	ani	אֲנִי (ז, נ)
jij, je (mann.)	ata	אַתָּה (ז)
jij, je (vrouw.)	at	אַתְּ (נ)
hij	hu	הוּא (ז)
zij, ze	hi	הִיא (נ)
wij, we	a'naχnu	אֲנַחְנוּ (ז, נ)
jullie (mann.)	atem	אַתֶּם (ז"ר)
jullie (vrouw.)	aten	אַתֶּן (נ"ר)
U (form., enk.)	ata, at	אַתָּה (ז), אַתְּ (נ)
U (form., mv.)	atem, aten	אַתֶּם (ז"ר), אַתֶּן (נ"ר)
zij, ze	hem, hen	הֵם (ז"ר), הֵן (נ"ר)
zij, ze (mann.)	hem	הֵם (ז"ר)
zij, ze (vrouw.)	hen	הֵן (נ"ר)

2. Begroetingen. Begroetingen

Hallo! Dag!	ʃalom!	שָׁלוֹם!
Goedemorgen!	'boker tov!	בּוֹקֶר טוֹב!
Goedemiddag!	tsaha'rayim tovim!	צָהֳרַיִם טוֹבִים!
Goedenavond!	'erev tov!	עֶרֶב טוֹב!
gedag zeggen (groeten)	lomar ʃalom	לוֹמַר שָׁלוֹם
Hoi!	hai!	הַיי!
groeten (het)	ahlan	אַהְלָן
verwelkomen (ww)	lomar ʃalom	לוֹמַר שָׁלוֹם
Hoe gaat het?	ma ʃlomχa?	מַה שְׁלוֹמְךָ? (ז)
Hoe is het?	ma niʃma?	מַה נִשְׁמַע?
Is er nog nieuws?	ma χadaʃ?	מַה חָדָשׁ?
Dag! Tot ziens!	lehitra'ot!	לְהִתְרָאוֹת!
Doei!	bai!	בַּיי!
Tot snel! Tot ziens!	lehitra'ot bekarov!	לְהִתְרָאוֹת בְּקָרוֹב!
Vaarwel!	lehitra'ot!	לְהִתְרָאוֹת!
afscheid nemen (ww)	lomar lehitra'ot	לוֹמַר לְהִתְרָאוֹת
Tot kijk!	bai!	בַּיי!
Dank u!	toda!	תּוֹדָה!
Dank u wel!	toda raba!	תּוֹדָה רַבָּה!
Graag gedaan	bevakaʃa	בְּבַקָּשָׁה
Geen dank!	al lo davar	עַל לֹא דָּבָר
Geen moeite.	ein be'ad ma	אֵין בְּעַד מַה
Excuseer me, ...	sliχa!	סְלִיחָה!

10

excuseren (verontschuldigen)	lis'loax	לִסְלֹוֹחַ
zich verontschuldigen	lehitnatsel	לְהִתְנַצֵּל
Mijn excuses.	ani mitnatsel, ani mitna'tselet	אֲנִי מִתְנַצֵּל (ז), אֲנִי מִתְנַצֶּלֶת (נ)
Het spijt me!	ani mitsta'er, ani mitsta''eret	אֲנִי מִצְטַעֵר (ז), אֲנִי מִצְטַעֶרֶת (נ)
vergeven (ww)	lis'loax	לִסְלֹוֹחַ
Maakt niet uit!	lo nora	לֹא נֹורָא
alsjeblieft	bevakaʃa	בְּבַקָּשָׁה
Vergeet het niet!	al tiʃkax!	אַל תִּשְׁכַּח! (ז)
Natuurlijk!	'betax!	בֶּטַח!
Natuurlijk niet!	'betax ʃelo!	בֶּטַח שֶׁלֹא!
Akkoord!	okei!	אֹוקֵיי!
Zo is het genoeg!	maspik!	מַסְפִּיק!

3. Vragen

Wie?	mi?	מִי?
Wat?	ma?	מָה?
Waar?	'eifo?	אֵיפֹה?
Waarheen?	le'an?	לְאָן?
Waar ... vandaan?	me''eifo?	מֵאֵיפֹה?
Wanneer?	matai?	מָתַי?
Waarom?	'lama?	לָמָה?
Waarom?	ma'du'a?	מַדּוּעַ?
Waarvoor dan ook?	biʃvil ma?	בִּשְׁבִיל מָה?
Hoe?	eix, keitsad?	כֵּיצַד? אֵיךְ?
Wat voor ...?	'eize?	אֵיזֶה?
Welk?	'eize?	אֵיזֶה?
Aan wie?	lemi?	לְמִי?
Over wie?	al mi?	עַל מִי?
Waarover?	al ma?	עַל מָה?
Met wie?	im mi?	עִם מִי?
Hoeveel?	'kama?	כַּמָּה?
Van wie?	ʃel mi?	שֶׁל מִי?

4. Voorzetsels

met (bijv. ~ beleg)	im	עִם
zonder (~ accent)	bli, lelo	בְּלִי, לְלֹא
naar (in de richting van)	le...	לְ...
over (praten ~)	al	עַל
voor (in tijd)	lifnei	לִפְנֵי
voor (aan de voorkant)	lifnei	לִפְנֵי
onder (lager dan)	mi'taxat le...	מִתַּחַת לְ...
boven (hoger dan)	me'al	מֵעַל
op (bovenop)	al	עַל
van (uit, afkomstig van)	mi, me	מ, מִ
van (gemaakt van)	mi, me	מ, מִ

| over (bijv. ~ een uur) | toχ | תּוֹך |
| over (over de bovenkant) | 'dereχ | דֶּרֶך |

5. Functiewoorden. Bijwoorden. Deel 1

Waar?	'eifo?	אֵיפֹה?
hier (bw)	po, kan	פֹּה, כָּאן
daar (bw)	ʃam	שָׁם

| ergens (bw) | 'eifo ʃehu | אֵיפֹה שֶׁהוּא |
| nergens (bw) | beʃum makom | בְּשׁוּם מָקוֹם |

| bij … (in de buurt) | leyad … | לְיַד … |
| bij het raam | leyad haχalon | לְיַד הַחַלוֹן |

Waarheen?	le'an?	לְאָן?
hierheen (bw)	'hena, lekan	הֵנָה; לְכָאן
daarheen (bw)	leʃam	לְשָׁם
hiervandaan (bw)	mikan	מִכָּאן
daarvandaan (bw)	miʃam	מִשָּׁם

| dichtbij (bw) | karov | קָרוֹב |
| ver (bw) | raχok | רָחוֹק |

in de buurt (van …)	leyad	לְיַד
vlakbij (bw)	karov	קָרוֹב
niet ver (bw)	lo raχok	לֹא רָחוֹק

linker (bn)	smali	שְׂמָאלִי
links (bw)	mismol	מִשְׂמֹאל
linksaf, naar links (bw)	'smola	שְׂמֹאלָה

rechter (bn)	yemani	יְמָנִי
rechts (bw)	miyamin	מִיָּמִין
rechtsaf, naar rechts (bw)	ya'mina	יָמִינָה

vooraan (bw)	mika'dima	מִקָּדִימָה
voorste (bn)	kidmi	קִדְמִי
vooruit (bw)	ka'dima	קָדִימָה

achter (bw)	me'aχor	מֵאָחוֹר
van achteren (bw)	me'aχor	מֵאָחוֹר
achteruit (naar achteren)	a'χora	אֲחוֹרָה

| midden (het) | 'emtsa | אֶמְצַע (ז) |
| in het midden (bw) | ba''emtsa | בָּאֶמְצַע |

opzij (bw)	mehatsad	מֵהַצַּד
overal (bw)	beχol makom	בְּכָל מָקוֹם
omheen (bw)	misaviv	מִסָּבִיב

binnenuit (bw)	mibifnim	מִבִּפְנִים
naar ergens (bw)	le'an ʃehu	לְאָן שֶׁהוּא
rechtdoor (bw)	yaʃar	יָשָׁר

terug (bijv. ~ komen)	baxazara	בַּחֲזָרָה
ergens vandaan (bw)	me'ei ʃam	מֵאֵי שָׁם
ergens vandaan (en dit geld moet ~ komen)	me'ei ʃam	מֵאֵי שָׁם
ten eerste (bw)	reʃit	רֵאשִׁית
ten tweede (bw)	ʃenit	שֵׁנִית
ten derde (bw)	ʃliʃit	שְׁלִישִׁית
plotseling (bw)	pit'om	פִּתְאוֹם
in het begin (bw)	behatslaxa	בַּהַתְחָלָה
voor de eerste keer (bw)	lariʃona	לָרִאשׁוֹנָה
lang voor ... (bw)	zman rav lifnei ...	זְמַן רַב לִפְנֵי ...
opnieuw (bw)	mexadaʃ	מֵחָדָשׁ
voor eeuwig (bw)	letamid	לְתָמִיד
nooit (bw)	af 'pa'am, me'olam	מֵעוֹלָם, אַף פַּעַם
weer (bw)	ʃuv	שׁוּב
nu (bw)	axʃav, ka'et	עַכְשָׁיו, כָּעֵת
vaak (bw)	le'itim krovot	לְעִיתִּים קְרוֹבוֹת
toen (bw)	az	אָז
urgent (bw)	bidxifut	בִּדְחִיפוּת
meestal (bw)	be'derex klal	בְּדֶרֶךְ כְּלָל
trouwens, ... (tussen haakjes)	'derex 'agav	דֶּרֶךְ אַגַּב
mogelijk (bw)	efʃari	אֶפְשָׁרִי
waarschijnlijk (bw)	kanir'e	כַּנִּרְאֶה
misschien (bw)	ulai	אוּלַי
trouwens (bw)	xuts mize ...	חוּץ מִזֶּה ...
daarom ...	laxen	לָכֵן
in weerwil van ...	lamrot ...	לַמְרוֹת ...
dankzij ...	hodot le...	הוֹדוֹת לְ...
wat (vn)	ma	מַה
dat (vw)	ʃe	שֶׁ
iets (vn)	'maʃehu	מַשֶּׁהוּ
iets	'maʃehu	מַשֶּׁהוּ
niets (vn)	klum	כְּלוּם
wie (~ is daar?)	mi	מִי
iemand (een onbekende)	'miʃehu, 'miʃehi	מִישֶׁהוּ (ז), מִישֶׁהִי (נ)
iemand (een bepaald persoon)	'miʃehu, 'miʃehi	מִישֶׁהוּ (ז), מִישֶׁהִי (נ)
niemand (vn)	af exad, af axat	אַף אֶחָד (ז), אַף אַחַת (נ)
nergens (bw)	leʃum makom	לְשׁוּם מָקוֹם
niemands (bn)	lo ʃayax le'af exad	לֹא שַׁיָּךְ לְאַף אֶחָד
iemands (bn)	ʃel 'miʃehu	שֶׁל מִישֶׁהוּ
zo (Ik ben ~ blij)	kol kax	כָּל־כָּךְ
ook (evenals)	gam	גַּם
alsook (eveneens)	gam	גַּם

6. Functiewoorden. Bijwoorden. Deel 2

Waarom?	ma'du'a?	מַדּוּעַ?
om een bepaalde reden	miʃum ma	מִשׁוּם־מָה
omdat ...	miʃum ʃe	מִשׁוּם שֶׁ
voor een bepaald doel	lematara 'kolʃehi	לְמַטָּרָה כָּלְשֶׁהִי

en (vw)	ve ...	וְ ...
of (vw)	o	אוֹ
maar (vw)	aval, ulam	אֲבָל, אוּלָם
voor (vz)	biʃvil	בִּשְׁבִיל

te (~ veel mensen)	yoter midai	יוֹתֵר מִדַּי
alleen (bw)	rak	רַק
precies (bw)	bediyuk	בְּדִיּוּק
ongeveer (~ 10 kg)	be''ereχ	בְּעֵרֶךְ

omstreeks (bw)	be''ereχ	בְּעֵרֶךְ
bij benadering (bn)	meʃo'ar	מְשׁוֹעָר
bijna (bw)	kim'at	כִּמְעַט
rest (de)	ʃe'ar	שְׁאָר (ז)

de andere (tweede)	aχer	אַחֵר
ander (bn)	aχer	אַחֵר
elk (bn)	kol	כָּל
om het even welk	kolʃehu	כָּלְשֶׁהוּ
veel (grote hoeveelheid)	harbe	הַרְבֵּה
veel mensen	harbe	הַרְבֵּה
iedereen (alle personen)	kulam	כּוּלָם

in ruil voor ...	tmurat ...	תְּמוּרַת ...
in ruil (bw)	bitmura	בִּתְמוּרָה
met de hand (bw)	bayad	בַּיָּד
onwaarschijnlijk (bw)	safek im	סָפֵק אִם

waarschijnlijk (bw)	karov levadai	קָרוֹב לְוַדַּאי
met opzet (bw)	'davka	דַּוְקָא
toevallig (bw)	bemikre	בְּמִקְרֶה

zeer (bw)	me'od	מְאוֹד
bijvoorbeeld (bw)	lemaʃal	לְמָשָׁל
tussen (~ twee steden)	bein	בֵּין
tussen (te midden van)	be'kerev	בְּקֶרֶב
zoveel (bw)	kol kaχ harbe	כָּל־כָּךְ הַרְבֵּה
vooral (bw)	bimyuχad	בִּמְיוּחָד

GETALLEN. DIVERSEN

7. Kardinale getallen. Deel 1

nul	'efes	אֶפֶס (ז)
een	eχad	אֶחָד (ז)
twee	'ʃtayim	שְׁתַּיִם (נ)
drie	ʃaloʃ	שָׁלוֹשׁ (נ)
vier	arba	אַרְבַּע (נ)
vijf	χameʃ	חָמֵשׁ (נ)
zes	ʃeʃ	שֵׁשׁ (נ)
zeven	'ʃeva	שֶׁבַע (נ)
acht	'ʃmone	שְׁמוֹנֶה (נ)
negen	'teʃa	תֵּשַׁע (נ)
tien	'eser	עֶשֶׂר (נ)
elf	aχat esre	אַחַת־עֶשְׂרֵה (נ)
twaalf	ʃteim esre	שְׁתֵּים־עֶשְׂרֵה (נ)
dertien	ʃloʃ esre	שְׁלוֹשׁ־עֶשְׂרֵה (נ)
veertien	arba esre	אַרְבַּע־עֶשְׂרֵה (נ)
vijftien	χameʃ esre	חָמֵשׁ־עֶשְׂרֵה (נ)
zestien	ʃeʃ esre	שֵׁשׁ־עֶשְׂרֵה (נ)
zeventien	ʃva esre	שְׁבַע־עֶשְׂרֵה (נ)
achttien	ʃmone esre	שְׁמוֹנֶה־עֶשְׂרֵה (נ)
negentien	tʃa esre	תְּשַׁע־עֶשְׂרֵה (נ)
twintig	esrim	עֶשְׂרִים
eenentwintig	esrim ve'eχad	עֶשְׂרִים וְאֶחָד
tweeëntwintig	esrim u'ʃnayim	עֶשְׂרִים וּשְׁנַיִם
drieëntwintig	esrim uʃloʃa	עֶשְׂרִים וּשְׁלוֹשָׁה
dertig	ʃloʃim	שְׁלוֹשִׁים
eenendertig	ʃloʃim ve'eχad	שְׁלוֹשִׁים וְאֶחָד
tweeëndertig	ʃloʃim u'ʃnayim	שְׁלוֹשִׁים וּשְׁנַיִם
drieëndertig	ʃloʃim uʃloʃa	שְׁלוֹשִׁים וּשְׁלוֹשָׁה
veertig	arba'im	אַרְבָּעִים
eenenveertig	arba'im ve'eχad	אַרְבָּעִים וְאֶחָד
tweeënveertig	arba'im u'ʃnayim	אַרְבָּעִים וּשְׁנַיִם
drieënveertig	arba'im uʃloʃa	אַרְבָּעִים וּשְׁלוֹשָׁה
vijftig	χamiʃim	חֲמִישִׁים
eenenvijftig	χamiʃim ve'eχad	חֲמִישִׁים וְאֶחָד
tweeënvijftig	χamiʃim u'ʃnayim	חֲמִישִׁים וּשְׁנַיִם
drieënvijftig	χamiʃim uʃloʃa	חֲמִישִׁים וּשְׁלוֹשָׁה
zestig	ʃiʃim	שִׁישִׁים
eenenzestig	ʃiʃim ve'eχad	שִׁישִׁים וְאֶחָד

| tweeënzestig | ʃiʃim u'ʃnayim | שִׁישִׁים וּשְׁנַיִם |
| drieënzestig | ʃiʃim uʃloʃa | שִׁישִׁים וּשְׁלוֹשָׁה |

zeventig	ʃiv'im	שִׁבְעִים
eenenzeventig	ʃiv'im ve'eχad	שִׁבְעִים וְאֶחָד
tweeënzeventig	ʃiv'im u'ʃnayim	שִׁבְעִים וּשְׁנַיִם
drieënzeventig	ʃiv'im uʃloʃa	שִׁבְעִים וּשְׁלוֹשָׁה

tachtig	ʃmonim	שְׁמוֹנִים
eenentachtig	ʃmonim ve'eχad	שְׁמוֹנִים וְאֶחָד
tweeëntachtig	ʃmonim u'ʃnayim	שְׁמוֹנִים וּשְׁנַיִם
drieëntachtig	ʃmonim uʃloʃa	שְׁמוֹנִים וּשְׁלוֹשָׁה

negentig	tiʃim	תִּשְׁעִים
eenennegentig	tiʃim ve'eχad	תִּשְׁעִים וְאֶחָד
tweeënnegentig	tiʃim u'ʃayim	תִּשְׁעִים וּשְׁנַיִם
drieënnegentig	tiʃim uʃloʃa	תִּשְׁעִים וּשְׁלוֹשָׁה

8. Kardinale getallen. Deel 2

honderd	'me'a	מֵאָה (נ)
tweehonderd	ma'tayim	מָאתַיִם
driehonderd	ʃloʃ me'ot	שְׁלוֹשׁ מֵאוֹת (נ)
vierhonderd	arba me'ot	אַרְבַּע מֵאוֹת (נ)
vijfhonderd	χameʃ me'ot	חָמֵשׁ מֵאוֹת (נ)

zeshonderd	ʃeʃ me'ot	שֵׁשׁ מֵאוֹת (נ)
zevenhonderd	ʃva me'ot	שֶׁבַע מֵאוֹת (נ)
achthonderd	ʃmone me'ot	שְׁמוֹנֶה מֵאוֹת (נ)
negenhonderd	tʃa me'ot	תִּשְׁע מֵאוֹת (נ)

duizend	'elef	אֶלֶף (ז)
tweeduizend	al'payim	אַלְפַּיִם (ז)
drieduizend	'ʃloʃet alafim	שְׁלוֹשֶׁת אֲלָפִים (ז)
tienduizend	a'seret alafim	עֲשֶׂרֶת אֲלָפִים (ז)
honderdduizend	'me'a 'elef	מֵאָה אֶלֶף (ז)
miljoen (het)	milyon	מִילְיוֹן (ז)
miljard (het)	milyard	מִילְיַארְד (ז)

9. Ordinale getallen

eerste (bn)	riʃon	רִאשׁוֹן
tweede (bn)	ʃeni	שֵׁנִי
derde (bn)	ʃliʃi	שְׁלִישִׁי
vierde (bn)	revi'i	רְבִיעִי
vijfde (bn)	χamiʃi	חֲמִישִׁי

zesde (bn)	ʃiʃi	שִׁישִׁי
zevende (bn)	ʃvi'i	שְׁבִיעִי
achtste (bn)	ʃmini	שְׁמִינִי
negende (bn)	tʃi'i	תְּשִׁיעִי
tiende (bn)	asiri	עֲשִׂירִי

KLEUREN. MEETEENHEDEN

10. Kleuren

kleur (de)	'tseva	צֶבַע (ז)
tint (de)	gavan	גָּוֶן (ז)
kleurnuance (de)	gavan	גָּוֶן (ז)
regenboog (de)	'keʃet	קֶשֶׁת (נ)
wit (bn)	lavan	לָבָן
zwart (bn)	ʃaχor	שָׁחוֹר
grijs (bn)	afor	אָפוֹר
groen (bn)	yarok	יָרוֹק
geel (bn)	tsahov	צָהוֹב
rood (bn)	adom	אָדוֹם
blauw (bn)	kaχol	כָּחוֹל
lichtblauw (bn)	taχol	תְּכוֹל
roze (bn)	varod	וָרוֹד
oranje (bn)	katom	כָּתוֹם
violet (bn)	segol	סָגוֹל
bruin (bn)	χum	חוּם
goud (bn)	zahov	זָהוֹב
zilverkleurig (bn)	kasuf	כָּסוּף
beige (bn)	beʒ	בֶּז'
roomkleurig (bn)	be'tseva krem	בְּצֶבַע קְרֶם
turkoois (bn)	turkiz	טוּרְקִיז
kersrood (bn)	bordo	בּוֹרְדוֹ
lila (bn)	segol	סָגוֹל
karmijnrood (bn)	patol	פָּטוֹל
licht (bn)	bahir	בָּהִיר
donker (bn)	kehe	כֵּהֶה
fel (bn)	bohek	בּוֹהֵק
kleur-, kleurig (bn)	tsiv'oni	צִבְעוֹנִי
kleuren- (abn)	tsiv'oni	צִבְעוֹנִי
zwart-wit (bn)	ʃaχor lavan	שָׁחוֹר-לָבָן
eenkleurig (bn)	χad tsiv'i	חַד-צִבְעִי
veelkleurig (bn)	sasgoni	סַסְגּוֹנִי

11. Meeteenheden

gewicht (het)	miʃkal	מִשְׁקָל (ז)
lengte (de)	'oreχ	אוֹרֶךְ (ז)

breedte (de)	'roxav	רוֹחַב (ז)
hoogte (de)	'gova	גוֹבַה (ז)
diepte (de)	'omek	עוֹמֶק (ז)
volume (het)	'nefax	נֶפַח (ז)
oppervlakte (de)	'fetax	שֶׁטַח (ז)
gram (het)	gram	גְרָם (ז)
milligram (het)	miligram	מִילִיגְרָם (ז)
kilogram (het)	kilogram	קִילוֹגְרָם (ז)
ton (duizend kilo)	ton	טוֹן (ז)
pond (het)	'pa'und	פָאוּנד (ז)
ons (het)	'unkiya	אוֹנקָיָה (נ)
meter (de)	'meter	מֶטֶר (ז)
millimeter (de)	mili'meter	מִילִימֶטֶר (ז)
centimeter (de)	senti'meter	סַנטִימֶטֶר (ז)
kilometer (de)	kilo'meter	קִילוֹמֶטֶר (ז)
mijl (de)	mail	מַייל (ז)
duim (de)	intf	אִינצ' (ז)
voet (de)	'regel	רֶגֶל (נ)
yard (de)	yard	יַרד (ז)
vierkante meter (de)	'meter ra'vu'a	מֶטֶר רָבוּעַ (ז)
hectare (de)	hektar	הֶקטָר (ז)
liter (de)	litr	לִיטר (ז)
graad (de)	ma'ala	מַעֲלָה (נ)
volt (de)	volt	ווֹלט (ז)
ampère (de)	amper	אַמפֶר (ז)
paardenkracht (de)	'koax sus	כּוֹחַ סוּס (ז)
hoeveelheid (de)	kamut	כַּמוּת (נ)
een beetje ...	ktsat ...	קצָת ...
helft (de)	'xetsi	חֲצִי (ז)
dozijn (het)	tresar	תרֵיסָר (ז)
stuk (het)	yexida	יְחִידָה (נ)
afmeting (de)	'godel	גוֹדֶל (ז)
schaal (bijv. ~ van 1 op 50)	kne mida	קנֵה מִידָה (ז)
minimaal (bn)	mini'mali	מִינִימָאלִי
minste (bn)	hakatan beyoter	הַקָטָן בְּיוֹתֵר
medium (bn)	memutsa	מְמוּצָע
maximaal (bn)	maksi'mali	מַקסִימָלִי
grootste (bn)	hagadol beyoter	הַגָדוֹל בְּיוֹתֵר

12. Containers

glazen pot (de)	tsin'tsenet	צִנצֶנֶת (נ)
blik (conserven~)	paxit	פַחִית (נ)
emmer (de)	dli	דלִי (ז)
ton (bijv. regenton)	xavit	חָבִית (נ)
ronde waterbak (de)	gigit	גִיגִית (נ)

tank (bijv. watertank-70-ltr)	meixal	מֵיכָל (ז)
heupfles (de)	meimiya	מֵימִיָּה (נ)
jerrycan (de)	'dʒerikan	גֵ'רִיקָן (ז)
tank (bijv. ketelwagen)	mexalit	מֵיכָלִית (נ)
beker (de)	'sefel	סֵפֶל (ז)
kopje (het)	'sefel	סֵפֶל (ז)
schoteltje (het)	taxtit	תַּחְתִּית (נ)
glas (het)	kos	כּוֹס (נ)
wijnglas (het)	ga'vi'a	גָּבִיעַ (ז)
steelpan (de)	sir	סִיר (ז)
fles (de)	bakbuk	בַּקְבּוּק (ז)
flessenhals (de)	tsavar habakbuk	צַוַּאר הַבַּקְבּוּק (ז)
karaf (de)	kad	כַּד (ז)
kruik (de)	kankan	קַנְקַן (ז)
vat (het)	kli	כְּלִי (ז)
pot (de)	sir 'xeres	סִיר חָרָס (ז)
vaas (de)	agartal	אֲגַרְטָל (ז)
flacon (de)	tsloxit	צְלוֹחִית (נ)
flesje (het)	bakbukon	בַּקְבּוּקוֹן (ז)
tube (bijv. ~ tandpasta)	ʃfo'feret	שְׁפוֹפֶרֶת (נ)
zak (bijv. ~ aardappelen)	sak	שַׂק (ז)
tasje (het)	sakit	שַׂקִּית (נ)
pakje (~ sigaretten, enz.)	xafisa	חֲפִיסָה (נ)
doos (de)	kufsa	קוּפְסָה (נ)
kist (de)	argaz	אַרְגָּז (ז)
mand (de)	sal	סַל (ז)

BELANGRIJKSTE WERKWOORDEN

13. De belangrijkste werkwoorden. Deel 1

aanbevelen (ww)	lehamlits	לְהַמְלִיץ
aandringen (ww)	lehit'akeʃ	לְהִתְעַקֵּשׁ
aankomen (per auto, enz.)	leha'gi'a	לְהַגִּיעַ
aanraken (ww)	la'ga'at	לָגַעַת
adviseren (ww)	leya'ets	לְיָעֵץ
afdalen (on.ww.)	la'redet	לָרֶדֶת
afslaan (naar rechts ~)	lifnot	לִפְנוֹת
antwoorden (ww)	la'anot	לַעֲנוֹת
bang zijn (ww)	lefaxed	לְפַחֵד
bedreigen (bijv. met een pistool)	le'ayem	לְאַיֵּם
bedriegen (ww)	leramot	לְרַמּוֹת
beëindigen (ww)	lesayem	לְסַיֵּם
beginnen (ww)	lehatxil	לְהַתְחִיל
begrijpen (ww)	lehavin	לְהָבִין
beheren (managen)	lenahel	לְנַהֵל
beledigen (met scheldwoorden)	leha'aliv	לְהַעֲלִיב
beloven (ww)	lehav'tiax	לְהַבְטִיחַ
bereiden (koken)	levaʃel	לְבַשֵּׁל
bespreken (spreken over)	ladun	לָדוּן
bestellen (eten ~)	lehazmin	לְהַזְמִין
bestraffen (een stout kind ~)	leha'aniʃ	לְהַעֲנִישׁ
betalen (ww)	leʃalem	לְשַׁלֵּם
betekenen (beduiden)	lomar	לוֹמַר
betreuren (ww)	lehitsta'er	לְהִצְטַעֵר
bevallen (prettig vinden)	limtso xen be'ei'nayim	לִמְצֹא חֵן בְּעֵינַיִם
bevelen (mil.)	lifkod	לִפְקֹד
bevrijden (stad, enz.)	leʃaxrer	לְשַׁחְרֵר
bewaren (ww)	liʃmor	לִשְׁמוֹר
bezitten (ww)	lihyot 'ba'al ʃel	לִהְיוֹת בַּעַל שֶׁל
bidden (praten met God)	lehitpalel	לְהִתְפַּלֵּל
binnengaan (een kamer ~)	lehikanes	לְהִיכָּנֵס
breken (ww)	liʃbor	לִשְׁבּוֹר
controleren (ww)	liʃlot	לִשְׁלֹוט
creëren (ww)	litsor	לִיצֹר
deelnemen (ww)	lehiʃtatef	לְהִשְׁתַּתֵּף
denken (ww)	laxʃov	לַחְשׁוֹב
doden (ww)	laharog	לַהֲרֹג

| doen (ww) | la'asot | לַעֲשׂוֹת |
| dorst hebben (ww) | lihyot tsame | לִהְיוֹת צָמֵא |

14. De belangrijkste werkwoorden. Deel 2

een hint geven	lirmoz	לִרְמוֹז
eisen (met klem vragen)	lidroʃ	לִדְרוֹשׁ
excuseren (vergeven)	lis'loaχ	לִסְלוֹחַ
existeren (bestaan)	lehitkayem	לְהִתְקַיֵּם
gaan (te voet)	la'leχet	לָלֶכֶת

gaan zitten (ww)	lehityaʃev	לְהִתְיַשֵּׁב
gaan zwemmen	lehitraχets	לְהִתְרַחֵץ
geven (ww)	latet	לָתֵת
glimlachen (ww)	leχayeχ	לְחַיֵּךְ
goed raden (ww)	lenaχeʃ	לְנַחֵשׁ

grappen maken (ww)	lehitba'deaχ	לְהִתְבַּדֵּחַ
graven (ww)	laχpor	לַחְפּוֹר
hebben (ww)	lehaχzik	לְהַחֲזִיק
helpen (ww)	la'azor	לַעֲזוֹר
herhalen (opnieuw zeggen)	laχazor al	לַחֲזוֹר עַל
honger hebben (ww)	lihyot ra'ev	לִהְיוֹת רָעֵב

hopen (ww)	lekavot	לְקַוּוֹת
horen	liʃ'mo'a	לִשְׁמוֹעַ
(waarnemen met het oor)		
huilen (wenen)	livkot	לִבְכּוֹת
huren (huis, kamer)	liskor	לִשְׂכּוֹר
informeren (informatie geven)	leho'dia	לְהוֹדִיעַ
instemmen (akkoord gaan)	lehaskim	לְהַסְכִּים
jagen (ww)	latsud	לָצוּד
kennen (kennis hebben	lehakir et	לְהַכִּיר אֶת
van iemand)		
kiezen (ww)	livχor	לִבְחוֹר
klagen (ww)	lehitlonen	לְהִתְלוֹנֵן

kosten (ww)	la'alot	לַעֲלוֹת
kunnen (ww)	yaχol	יָכוֹל
lachen (ww)	litsχok	לִצְחוֹק
laten vallen (ww)	lehapil	לְהַפִּיל
lezen (ww)	likro	לִקְרוֹא

liefhebben (ww)	le'ehov	לֶאֱהוֹב
lunchen (ww)	le'eχol aruχat tsaha'rayim	לֶאֱכוֹל אֲרוּחַת צָהֳרַיִם
nemen (ww)	la'kaχat	לָקַחַת
nodig zijn (ww)	lehidareʃ	לְהִידָרֵשׁ

15. De belangrijkste werkwoorden. Deel 3

| onderschatten (ww) | leham'it be''ereχ | לְהַמְעִיט בְּעֵרֶךְ |
| ondertekenen (ww) | laχtom | לַחְתּוֹם |

ontbijten (ww)	le'exol aruxat 'boker	לֶאֱכוֹל אֲרוּחַת בּוֹקֶר
openen (ww)	lif'toax	לִפְתוֹחַ
ophouden (ww)	lehafsik	לְהַפְסִיק
opmerken (zien)	lasim lev	לָשִׂים לֵב
opscheppen (ww)	lehitravrev	לְהִתְרַבְרֵב
opschrijven (ww)	lirʃom	לִרְשׁוֹם
plannen (ww)	letaxnen	לְתַכְנֵן
prefereren (verkiezen)	leha'adif	לְהַעֲדִיף
proberen (trachten)	lenasot	לְנַסוֹת
redden (ww)	lehatsil	לְהַצִּיל
rekenen op …	lismox al	לִסְמוֹךְ עַל
rennen (ww)	laruts	לָרוּץ
reserveren (een hotelkamer ~)	lehazmin meroʃ	לְהַזְמִין מֵרֹאשׁ
roepen (om hulp)	likro	לִקְרוֹא
schieten (ww)	lirot	לִירוֹת
schreeuwen (ww)	lits'ok	לִצְעוֹק
schrijven (ww)	lixtov	לִכְתוֹב
souperen (ww)	le'exol aruxat 'erev	לֶאֱכוֹל אֲרוּחַת עֶרֶב
spelen (kinderen)	lesaxek	לְשַׂחֵק
spreken (ww)	ledaber	לְדַבֵּר
stelen (ww)	lignov	לִגְנוֹב
stoppen (pauzeren)	la'atsor	לַעֲצוֹר
studeren (Nederlands ~)	lilmod	לִלְמוֹד
sturen (zenden)	liʃloax	לִשְׁלוֹחַ
tellen (optellen)	lispor	לִסְפּוֹר
toebehoren …	lehiʃtayex	לְהִשְׁתַּיֵּיךְ
toestaan (ww)	leharʃot	לְהַרְשׁוֹת
tonen (ww)	lehar'ot	לְהַרְאוֹת
twijfelen (onzeker zijn)	lefakpek	לְפַקְפֵּק
uitgaan (ww)	latset	לָצֵאת
uitnodigen (ww)	lehazmin	לְהַזְמִין
uitspreken (ww)	levate	לְבַטֵּא
uitvaren tegen (ww)	linzof	לִנְזוֹף

16. De belangrijkste werkwoorden. Deel 4

vallen (ww)	lipol	לִיפּוֹל
vangen (ww)	litfos	לִתְפּוֹס
veranderen (anders maken)	leʃanot	לְשַׁנּוֹת
verbaasd zijn (ww)	lehitpale	לְהִתְפַּלֵּא
verbergen (ww)	lehastir	לְהַסְתִּיר
verdedigen (je land ~)	lehagen	לְהָגֵן
verenigen (ww)	le'axed	לְאַחֵד
vergelijken (ww)	lehaʃvot	לְהַשְׁווֹת
vergeten (ww)	liʃkoax	לִשְׁכּוֹחַ
vergeven (ww)	lis'loax	לִסְלוֹחַ
verklaren (uitleggen)	lehasbir	לְהַסְבִּיר

verkopen (per stuk ~)	limkor	לִמְכּוֹר
vermelden (praten over)	lehazkir	לְהַזְכִּיר
versieren (decoreren)	lekaʃet	לְקַשֵּׁט
vertalen (ww)	letargem	לְתַרְגֵּם
vertrouwen (ww)	liv'toax	לִבְטוֹחַ
vervolgen (ww)	lehamʃix	לְהַמְשִׁיךְ
verwarren (met elkaar ~)	lehitbalbel	לְהִתְבַּלְבֵּל
verzoeken (ww)	levakeʃ	לְבַקֵּשׁ
verzuimen (school, enz.)	lehaxsir	לְהַחְסִיר
vinden (ww)	limtso	לִמְצוֹא
vliegen (ww)	la'uf	לָעוּף
volgen (ww)	la'akov axarei	לַעֲקוֹב אַחֲרֵי
voorstellen (ww)	leha'tsi'a	לְהַצִּיעַ
voorzien (verwachten)	laxazot	לַחֲזוֹת
vragen (ww)	liʃol	לִשְׁאוֹל
waarnemen (ww)	litspot, lehaʃkif	לִצְפּוֹת, לְהַשְׁקִיף
waarschuwen (ww)	lehazhir	לְהַזְהִיר
wachten (ww)	lehamtin	לְהַמְתִּין
weerspreken (ww)	lehitnaged	לְהִתְנַגֵּד
weigeren (ww)	lesarev	לְסָרֵב
werken (ww)	la'avod	לַעֲבוֹד
weten (ww)	la'da'at	לָדַעַת
willen (verlangen)	lirtsot	לִרְצוֹת
zeggen (ww)	lomar	לוֹמַר
zich haasten (ww)	lemaher	לְמַהֵר
zich interesseren voor ...	lehit'anyen be...	לְהִתְעַנְיֵין בְּ...
zich vergissen (ww)	lit'ot	לִטְעוֹת
zich verontschuldigen	lehitnatsel	לְהִתְנַצֵּל
zien (ww)	lir'ot	לִרְאוֹת
zijn (ww)	lihyot	לִהְיוֹת
zoeken (ww)	lexapes	לְחַפֵּשׂ
zwemmen (ww)	lisxot	לִשְׂחוֹת
zwijgen (ww)	liʃtok	לִשְׁתּוֹק

TIJD. KALENDER

17. Dagen van de week

maandag (de)	yom ʃeni	יוֹם שֵׁנִי (ז)
dinsdag (de)	yom ʃliʃi	יוֹם שְׁלִישִׁי (ז)
woensdag (de)	yom revi'i	יוֹם רְבִיעִי (ז)
donderdag (de)	yom χamiʃi	יוֹם חֲמִישִׁי (ז)
vrijdag (de)	yom ʃiʃi	יוֹם שִׁישִׁי (ז)
zaterdag (de)	ʃabat	שַׁבָּת (נ)
zondag (de)	yom riʃon	יוֹם רִאשׁוֹן (ז)
vandaag (bw)	hayom	הַיּוֹם
morgen (bw)	maχar	מָחָר
overmorgen (bw)	maχara'tayim	מָחֳרָתַיִים
gisteren (bw)	etmol	אֶתְמוֹל
eergisteren (bw)	ʃilʃom	שִׁלְשׁוֹם
dag (de)	yom	יוֹם (ז)
werkdag (de)	yom avoda	יוֹם עֲבוֹדָה (ז)
feestdag (de)	yom χag	יוֹם חַג (ז)
verlofdag (de)	yom menuχa	יוֹם מְנוּחָה (ז)
weekend (het)	sof ʃa'vu'a	סוֹף שָׁבוּעַ
de hele dag (bw)	kol hayom	כָּל הַיּוֹם
de volgende dag (bw)	lamaχarat	לַמָּחֳרָת
twee dagen geleden	lifnei yo'mayim	לִפְנֵי יוֹמַיִים
aan de vooravond (bw)	'erev	עֶרֶב
dag-, dagelijks (bn)	yomyomi	יוֹמְיוֹמִי
elke dag (bw)	midei yom	מִדֵּי יוֹם
week (de)	ʃa'vua	שָׁבוּעַ (ז)
vorige week (bw)	baʃa'vu'a ʃe'avar	בַּשָּׁבוּעַ שֶׁעָבַר
volgende week (bw)	baʃa'vu'a haba	בַּשָּׁבוּעַ הַבָּא
wekelijks (bn)	ʃvu'i	שְׁבוּעִי
elke week (bw)	kol ʃa'vu'a	כָּל שָׁבוּעַ
twee keer per week	pa'a'mayim beʃa'vu'a	פַּעֲמַיִים בְּשָׁבוּעַ
elke dinsdag	kol yom ʃliʃi	כָּל יוֹם שְׁלִישִׁי

18. Uren. Dag en nacht

morgen (de)	'boker	בּוֹקֶר (ז)
's morgens (bw)	ba'boker	בַּבּוֹקֶר
middag (de)	tsaha'rayim	צָהֳרַיִים (ז״ר)
's middags (bw)	aχar hatsaha'rayim	אַחַר הַצָּהֳרַיִים
avond (de)	'erev	עֶרֶב (ז)
's avonds (bw)	ba''erev	בָּעֶרֶב

nacht (de)	'laila	לַיְלָה (ז)
's nachts (bw)	ba'laila	בַּלַּיְלָה
middernacht (de)	χatsot	חֲצוֹת (נ)

seconde (de)	ʃniya	שְׁנִיָּה (נ)
minuut (de)	daka	דַּקָּה (נ)
uur (het)	ʃa'a	שָׁעָה (נ)
halfuur (het)	χatsi ʃa'a	חֲצִי שָׁעָה (נ)
kwartier (het)	'reva ʃa'a	רֶבַע שָׁעָה (ז)
vijftien minuten	χameʃ esre dakot	חָמֵשׁ עֶשְׂרֵה דַקּוֹת
etmaal (het)	yemama	יְמָמָה (נ)

zonsopgang (de)	zriχa	זְרִיחָה (נ)
dageraad (de)	'ʃaχar	שַׁחַר (ז)
vroege morgen (de)	'ʃaχar	שַׁחַר (ז)
zonsondergang (de)	ʃki'a	שְׁקִיעָה (נ)

's morgens vroeg (bw)	mukdam ba'boker	מוּקְדָּם בַּבּוֹקֶר
vanmorgen (bw)	ha'boker	הַבּוֹקֶר
morgenochtend (bw)	maχar ba'boker	מָחָר בַּבּוֹקֶר

vanmiddag (bw)	hayom aχarei hatzaha'rayim	הַיּוֹם אַחֲרֵי הַצָּהֳרַיִם
's middags (bw)	aχar hatsaha'rayim	אַחַר הַצָּהֳרַיִם
morgenmiddag (bw)	maχar aχarei hatsaha'rayim	מָחָר אַחֲרֵי הַצָּהֳרַיִם

| vanavond (bw) | ha''erev | הָעֶרֶב |
| morgenavond (bw) | maχar ba''erev | מָחָר בָּעֶרֶב |

klokslag drie uur	baʃa'a ʃaloʃ bediyuk	בְּשָׁעָה שָׁלוֹשׁ בְּדִיּוּק
ongeveer vier uur	bisvivot arba	בִּסְבִיבוֹת אַרְבַּע
tegen twaalf uur	ad ʃteim esre	עַד שְׁתֵּים-עֶשְׂרֵה

over twintig minuten	be'od esrim dakot	בְּעוֹד עֶשְׂרִים דַקּוֹת
over een uur	be'od ʃa'a	בְּעוֹד שָׁעָה
op tijd (bw)	bazman	בַּזְּמַן

kwart voor ...	'reva le...	רֶבַע לְ...
binnen een uur	toχ ʃa'a	תּוֹךְ שָׁעָה
elk kwartier	kol 'reva ʃa'a	כָּל רֶבַע שָׁעָה
de klok rond	misaviv laʃa'on	מִסָּבִיב לַשָּׁעוֹן

19. Maanden. Seizoenen

januari (de)	'yanu'ar	יָנוּאָר (ז)
februari (de)	'febru'ar	פֶבְּרוּאָר (ז)
maart (de)	merts	מֶרְץ (ז)
april (de)	april	אַפְּרִיל (ז)
mei (de)	mai	מַאי (ז)
juni (de)	'yuni	יוּנִי (ז)

juli (de)	'yuli	יוּלִי (ז)
augustus (de)	'ogust	אוֹגוּסְט (ז)
september (de)	sep'tember	סֶפְּטֶמְבָּר (ז)
oktober (de)	ok'tober	אוֹקְטוֹבָּר (ז)

| november (de) | no'vember | נוֹבֶמְבֶּר (ז) |
| december (de) | de'tsember | דֶּצֶמְבֶּר (ז) |

lente (de)	aviv	אָבִיב (ז)
in de lente (bw)	ba'aviv	בָּאָבִיב
lente- (abn)	avivi	אֲבִיבִי

zomer (de)	'kayits	קַיִץ (ז)
in de zomer (bw)	ba'kayits	בַּקַיִץ
zomer-, zomers (bn)	ketsi	קֵיצִי

herfst (de)	stav	סְתָיו (ז)
in de herfst (bw)	bestav	בַּסְתָיו
herfst- (abn)	stavi	סְתָווִי

winter (de)	'χoref	חוֹרֶף (ז)
in de winter (bw)	ba'χoref	בַּחוֹרֶף
winter- (abn)	χorpi	חוֹרְפִּי

maand (de)	'χodeʃ	חוֹדֶשׁ (ז)
deze maand (bw)	ha'χodeʃ	הַחוֹדֶשׁ
volgende maand (bw)	ba'χodeʃ haba	בַּחוֹדֶשׁ הַבָּא
vorige maand (bw)	ba'χodeʃ ʃe'avar	בַּחוֹדֶשׁ שֶׁעָבַר

een maand geleden (bw)	lifnei 'χodeʃ	לִפְנֵי חוֹדֶשׁ
over een maand (bw)	be'od 'χodeʃ	בְּעוֹד חוֹדֶשׁ
over twee maanden (bw)	be'od χod'ʃayim	בְּעוֹד חוֹדְשַׁיִם
de hele maand (bw)	kol ha'χodeʃ	כָּל הַחוֹדֶשׁ
een volle maand (bw)	kol ha'χodeʃ	כָּל הַחוֹדֶשׁ

maand-, maandelijks (bn)	χodʃi	חוֹדְשִׁי
maandelijks (bw)	χodʃit	חוֹדְשִׁית
elke maand (bw)	kol 'χodeʃ	כָּל חוֹדֶשׁ
twee keer per maand	pa'a'mayim be'χodeʃ	פַּעֲמַיִם בְּחוֹדֶשׁ

jaar (het)	ʃana	שָׁנָה (נ)
dit jaar (bw)	haʃana	הַשָׁנָה
volgend jaar (bw)	baʃana haba'a	בַּשָׁנָה הַבָּאָה
vorig jaar (bw)	baʃana ʃe'avra	בַּשָׁנָה שֶׁעָבְרָה

een jaar geleden (bw)	lifnei ʃana	לִפְנֵי שָׁנָה
over een jaar	be'od ʃana	בְּעוֹד שָׁנָה
over twee jaar	be'od ʃna'tayim	בְּעוֹד שְׁנָתַיִם
het hele jaar	kol haʃana	כָּל הַשָׁנָה
een vol jaar	kol haʃana	כָּל הַשָׁנָה

elk jaar	kol ʃana	כָּל שָׁנָה
jaar-, jaarlijks (bn)	ʃnati	שְׁנָתִי
jaarlijks (bw)	midei ʃana	מִדֵי שָׁנָה
4 keer per jaar	arba pa'amim be'χodeʃ	אַרְבַּע פְּעָמִים בְּחוֹדֶשׁ

datum (de)	ta'ariχ	תַּאֲרִיךְ (ז)
datum (de)	ta'ariχ	תַּאֲרִיךְ (ז)
kalender (de)	'luaχ ʃana	לוּחַ שָׁנָה (ז)
een half jaar	χatsi ʃana	חֲצִי שָׁנָה (ז)
zes maanden	ʃiʃa χodaʃim, χatsi ʃana	חֲצִי שָׁנָה, שִׁישָׁה חוֹדָשִׁים

| seizoen (bijv. lente, zomer) | ona | עוֹנָה (נ) |
| eeuw (de) | 'me'a | מֵאָה (נ) |

REIZEN. HOTEL

20. Trip. Reizen

toerisme (het)	tayarut	תַּיָּרוּת (נ)
toerist (de)	tayar	תַּיָּר (ז)
reis (de)	tiyul	טִיּוּל (ז)
avontuur (het)	harpatka	הַרְפַּתְקָה (נ)
tocht (de)	nesi'a	נְסִיעָה (נ)
vakantie (de)	χuffa	חוּפְשָׁה (נ)
met vakantie zijn	lihyot beχuffa	לִהְיוֹת בְּחוּפְשָׁה
rust (de)	menuχa	מְנוּחָה (נ)
trein (de)	ra'kevet	רַכֶּבֶת (נ)
met de trein	bera'kevet	בְּרַכֶּבֶת
vliegtuig (het)	matos	מָטוֹס (ז)
met het vliegtuig	bematos	בְּמָטוֹס
met de auto	bemeχonit	בִּמְכוֹנִית
per schip (bw)	be'oniya	בָּאוֹנִיָּה
bagage (de)	mit'an	מִטְעָן (ז)
valies (de)	mizvada	מִזְוָדָה (נ)
bagagekarretje (het)	eglat mit'an	עֶגְלַת מִטְעָן (נ)
paspoort (het)	darkon	דַּרְכּוֹן (ז)
visum (het)	'viza, affra	וִיזָה, אַשְׁרָה (נ)
kaartje (het)	kartis	כַּרְטִיס (ז)
vliegticket (het)	kartis tisa	כַּרְטִיס טִיסָה (ז)
reisgids (de)	madriχ	מַדְרִיךְ (ז)
kaart (de)	mapa	מַפָּה (נ)
gebied (landelijk ~)	ezor	אֵזוֹר (ז)
plaats (de)	makom	מָקוֹם (ז)
exotische bestemming (de)	ek'zotika	אֶקְזוֹטִיקָה (נ)
exotisch (bn)	ek'zoti	אֶקְזוֹטִי
verwonderlijk (bn)	nifla	נִפְלָא
groep (de)	kvutsa	קְבוּצָה (נ)
rondleiding (de)	tiyul	טִיּוּל (ז)
gids (de)	madriχ tiyulim	מַדְרִיךְ טִיּוּלִים (ז)

21. Hotel

motel (het)	motel	מוֹטֵל (ז)
3-sterren	ffloffa koχavim	שְׁלוֹשָׁה כּוֹכָבִים
5-sterren	χamiffa koχavim	חֲמִישָׁה כּוֹכָבִים

overnachten (ww)	lehit'aχsen	לְהִתְאַכְסֵן
kamer (de)	'χeder	חֶדֶר (ז)
eenpersoonskamer (de)	'χeder yaχid	חֶדֶר יָחִיד (ז)
tweepersoonskamer (de)	'χeder zugi	חֶדֶר זוּגִי (ז)
een kamer reserveren	lehazmin 'χeder	לְהַזמִין חֶדֶר

halfpension (het)	χatsi pensiyon	חֲצִי פֶּנסִיוֹן (ז)
volpension (het)	pensyon male	פֶּנסִיוֹן מָלֵא (ז)

met badkamer	im am'batya	עִם אַמבַּטיָה
met douche	im mik'laχat	עִם מִקלַחַת
satelliet-tv (de)	tele'vizya bekvalim	טֶלֶוִויזיָה בְּכבָלִים (נ)
airconditioner (de)	mazgan	מַזגָן (ז)
handdoek (de)	ma'gevet	מַגֶּבֶת (נ)
sleutel (de)	maf'teaχ	מַפתֵּחַ (ז)

administrateur (de)	amarkal	אֲמַרכָּל (ז)
kamermeisje (het)	χadranit	חַדרָנִית (נ)
piccolo (de)	sabal	סַבָּל (ז)
portier (de)	pakid kabala	פְּקִיד קַבָּלָה (ז)

restaurant (het)	mis'ada	מִסעָדָה (נ)
bar (de)	bar	בָּר (ז)
ontbijt (het)	aruχat 'boker	אֲרוּחַת בּוֹקֶר (נ)
avondeten (het)	aruχat 'erev	אֲרוּחַת עֶרֶב (נ)
buffet (het)	miznon	מִזנוֹן (ז)

hal (de)	'lobi	לוֹבִּי (ז)
lift (de)	ma'alit	מַעֲלִית (נ)

NIET STOREN	lo lehaf'ri'a	לא לְהַפרִיעַ
VERBODEN TE ROKEN!	asur le'aʃen!	אָסוּר לְעַשֵן!

22. Bezienswaardigheden

monument (het)	an'darta	אַנדַרטָה (נ)
vesting (de)	mivtsar	מִבצָר (ז)
paleis (het)	armon	אַרמוֹן (ז)
kasteel (het)	tira	טִירָה (נ)
toren (de)	migdal	מִגדָל (ז)
mausoleum (het)	ma'uzo'le'um	מָאוּזוֹלֵיאוֹם (ז)

architectuur (de)	adriχalut	אַדרִיכָלוּת (נ)
middeleeuws (bn)	benaimi	בֵּינַיימִי
oud (bn)	atik	עָתִיק
nationaal (bn)	le'umi	לְאוּמִי
bekend (bn)	mefursam	מְפוּרסָם

toerist (de)	tayar	תַּיָיר (ז)
gids (de)	madriχ tiyulim	מַדרִיך טִיוּלִים (ז)
rondleiding (de)	tiyul	טִיוּל (ז)
tonen (ww)	lehar'ot	לְהַראוֹת
vertellen (ww)	lesaper	לְסַפֵּר
vinden (ww)	limtso	לִמצוֹא

verdwalen (de weg kwijt zijn)	la'leχet le'ibud	לָלֶכֶת לְאִיבּוּד
plattegrond (~ van de metro)	mapa	מַפָּה (נ)
plattegrond (~ van de stad)	tarʃim	תַרְשִׁים (ז)
souvenir (het)	maz'keret	מַזְכֶּרֶת (נ)
souvenirwinkel (de)	χanut matanot	חֲנוּת מַתָּנוֹת (נ)
een foto maken (ww)	letsalem	לְצַלֵם
zich laten fotograferen	lehitstalem	לְהִצְטַלֵם

VERVOER

23. Vliegveld

luchthaven (de)	nemal te'ufa	נְמַל תְּעוּפָה (ז)
vliegtuig (het)	matos	מָטוֹס (ז)
luchtvaartmaatschappij (de)	xevrat te'ufa	חֶבְרַת תְּעוּפָה (ג)
luchtverkeersleider (de)	bakar tisa	בַּקָּר טִיסָה (ז)
vertrek (het)	hamra'a	הַמְרָאָה (ג)
aankomst (de)	nexita	נְחִיתָה (ג)
aankomen (per vliegtuig)	leha'gi'a betisa	לְהַגִּיעַ בְּטִיסָה
vertrektijd (de)	zman hamra'a	זְמַן הַמְרָאָה (ז)
aankomstuur (het)	zman nexita	זְמַן נְחִיתָה (ז)
vertraagd zijn (ww)	lehit'akev	לְהִתְעַכֵּב
vluchtvertraging (de)	ikuv hatisa	עִיכּוּב הַטִּיסָה (ז)
informatiebord (het)	'luax meida	לוּחַ מֵידָע (ז)
informatie (de)	meida	מֵידָע (ז)
aankondigen (ww)	leho'dia	לְהוֹדִיעַ
vlucht (bijv. KLM ~)	tisa	טִיסָה (ג)
douane (de)	'mexes	מֶכֶס (ז)
douanier (de)	pakid 'mexes	פָּקִיד מֶכֶס (ז)
douaneaangifte (de)	hatsharat mexes	הַצְהָרַת מֶכֶס (ג)
invullen (douaneaangifte ~)	lemale	לְמַלֵּא
een douaneaangifte invullen	lemale 'tofes hatshara	לְמַלֵּא טוֹפֶס הַצְהָרָה
paspoortcontrole (de)	bdikat darkonim	בְּדִיקַת דַּרְכּוֹנִים (ג)
bagage (de)	kvuda	כְּבוּדָה (ג)
handbagage (de)	kvudat yad	כְּבוּדַת יָד (ג)
bagagekarretje (het)	eglat kvuda	עֶגְלַת כְּבוּדָה (ג)
landing (de)	nexita	נְחִיתָה (ג)
landingsbaan (de)	maslul nexita	מַסְלוּל נְחִיתָה (ז)
landen (ww)	linxot	לִנְחוֹת
vliegtuigtrap (de)	'kevef	כֶּבֶשׁ (ז)
inchecken (het)	tfek in	צֶ'ק אִין (ז)
incheckbalie (de)	dalpak tfek in	דַּלְפָּק צֶ'ק אִין (ז)
inchecken (ww)	leva'tse'a tfek in	לְבַצֵּעַ צֶ'ק אִין
instapkaart (de)	kartis aliya lematos	כַּרְטִיס עֲלִיָּה לְמָטוֹס (ז)
gate (de)	'fa'ar yetsi'a	שַׁעַר יְצִיאָה (ז)
transit (de)	ma'avar	מַעֲבָר (ז)
wachten (ww)	lehamtin	לְהַמְתִּין
wachtzaal (de)	traklin tisa	טְרַקְלִין טִיסָה (ז)

begeleiden (uitwuiven)	lelavot	לְלַוּוֹת
afscheid nemen (ww)	lomar lehitra'ot	לוֹמַר לְהִתְרָאוֹת

24. Vliegtuig

vliegtuig (het)	matos	מָטוֹס (ז)
vliegticket (het)	kartis tisa	כַּרְטִיס טִיסָה (ז)
luchtvaartmaatschappij (de)	xevrat te'ufa	חֶבְרַת תְּעוּפָה (נ)
luchthaven (de)	nemal te'ufa	נְמַל תְּעוּפָה (ז)
supersonisch (bn)	al koli	עַל קוֹלִי
gezagvoerder (de)	kabarnit	קַבַּרְנִיט (ז)
bemanning (de)	'tsevet	צֶוֶת (ז)
piloot (de)	tayas	טַיָּס (ז)
stewardess (de)	da'yelet	דַיֶּלֶת (נ)
stuurman (de)	navat	נַוָּט (ז)
vleugels (mv.)	kna'fayim	כְּנָפַיִם (נ"ר)
staart (de)	zanav	זָנָב (ז)
cabine (de)	'kokpit	קוֹקְפִּיט (ז)
motor (de)	ma'no'a	מָנוֹעַ (ז)
landingsgestel (het)	kan nesi'a	כַּן נְסִיעָה (ז)
turbine (de)	tur'bina	טוּרְבִּינָה (נ)
propeller (de)	madxef	מַדְחֵף (ז)
zwarte doos (de)	kufsa ʃxora	קוּפְסָה שְׁחוֹרָה (נ)
stuur (het)	'hege	הֶגֶה (ז)
brandstof (de)	'delek	דֶּלֶק (ז)
veiligheidskaart (de)	hora'ot betixut	הוֹרָאוֹת בְּטִיחוּת (נ"ר)
zuurstofmasker (het)	masexat xamtsan	מַסֵּיכַת חַמְצָן (נ)
uniform (het)	madim	מַדִּים (ז"ר)
reddingsvest (de)	xagorat hatsala	חֲגוֹרַת הַצָּלָה (נ)
parachute (de)	mitsnax	מִצְנָח (ז)
opstijgen (het)	hamra'a	הַמְרָאָה (נ)
opstijgen (ww)	lehamri	לְהַמְרִיא
startbaan (de)	maslul hamra'a	מַסְלוּל הַמְרָאָה (ז)
zicht (het)	re'ut	רְאוּת (נ)
vlucht (de)	tisa	טִיסָה (נ)
hoogte (de)	'gova	גּוֹבַהּ (ז)
luchtzak (de)	kis avir	כִּיס אֲוִויר (ז)
plaats (de)	moʃav	מוֹשָׁב (ז)
koptelefoon (de)	ozniyot	אוֹזְנִיּוֹת (נ"ר)
tafeltje (het)	magaʃ mitkapel	מַגָּשׁ מִתְקַפֵּל (ז)
venster (het)	tsohar	צוֹהַר (ז)
gangpad (het)	ma'avar	מַעֲבָר (ז)

25. Trein

trein (de)	ra'kevet	רַכֶּבֶת (נ)
elektrische trein (de)	ra'kevet parvarim	רַכֶּבֶת פַּרְבָּרִים (נ)

sneltrein (de)	ra'kevet mehira	רַכֶּבֶת מְהִירָה (נ)
diesellocomotief (de)	katar 'dizel	קַטָר דִיזָל (ז)
locomotief (de)	katar	קַטָר (ז)
rijtuig (het)	karon	קָרוֹן (ז)
restauratierijtuig (het)	kron mis'ada	קָרוֹן מִסְעָדָה (ז)
rails (mv.)	mesilot	מְסִילוֹת (נ"ר)
spoorweg (de)	mesilat barzel	מְסִילַת בַּרְזֶל (נ)
dwarsligger (de)	'eden	אֶדֶן (ז)
perron (het)	ratsif	רָצִיף (ז)
spoor (het)	mesila	מְסִילָה (נ)
semafoor (de)	ramzor	רַמְזוֹר (ז)
halte (bijv. kleine treinhalte)	taxana	תַּחֲנָה (נ)
machinist (de)	nahag ra'kevet	נַהַג רַכֶּבֶת (ז)
kruier (de)	sabal	סַבָּל (ז)
conducteur (de)	sadran ra'kevet	סַדְרָן רַכֶּבֶת (ז)
passagier (de)	no'se'a	נוֹסֵעַ (ז)
controleur (de)	bodek	בּוֹדֵק (ז)
gang (in een trein)	prozdor	פְּרוֹזְדוֹר (ז)
noodrem (de)	ma'atsar xirum	מַעֲצָר חֵירוּם (ז)
coupé (de)	ta	תָּא (ז)
bed (slaapplaats)	dargaf	דַרְגָשׁ (ז)
bovenste bed (het)	dargaf elyon	דַרְגָשׁ עֶלְיוֹן (ז)
onderste bed (het)	dargaf taxton	דַרְגָשׁ תַּחְתּוֹן (ז)
beddengoed (het)	matsa'im	מַצָעִים (ז"ר)
kaartje (het)	kartis	כַּרְטִיס (ז)
dienstregeling (de)	'luax zmanim	לוּחַ זְמַנִים (ז)
informatiebord (het)	'felet meida	שֶׁלֶט מֵידָע (ז)
vertrekken (De trein vertrekt ...)	latset	לָצֵאת
vertrek (ov. een trein)	yetsi'a	יְצִיאָה (נ)
aankomen (ov. de treinen)	leha'gi'a	לְהַגִיעַ
aankomst (de)	haga'a	הַגָעָה (נ)
aankomen per trein	leha'gi'a bera'kevet	לְהַגִיעַ בְּרַכֶּבֶת
in de trein stappen	la'alot lera'kevet	לַעֲלוֹת לְרַכֶּבֶת
uit de trein stappen	la'redet mehara'kevet	לָרֶדֶת מֵהַרַכֶּבֶת
treinwrak (het)	hitraskut	הִתְרַסְקוּת (נ)
ontspoord zijn	la'redet mipasei ra'kevet	לָרֶדֶת מִפַּסֵי רַכֶּבֶת
locomotief (de)	katar	קַטָר (ז)
stoker (de)	masik	מַסִיק (ז)
stookplaats (de)	kivfan	כִּבְשָׁן (ז)
steenkool (de)	pexam	פֶּחָם (ז)

26. Schip

schip (het)	sfina	סְפִינָה (נ)
vaartuig (het)	sfina	סְפִינָה (נ)

stoomboot (de)	oniyat kitor	אֳונִיַת קִיטוֹר (נ)
motorschip (het)	sfinat nahar	סְפִינַת נָהָר (נ)
lijnschip (het)	oniyat ta'anugot	אוֹנִיַת תַּעֲנוּגוֹת (נ)
kruiser (de)	sa'yeret	סַיֶּרֶת (נ)
jacht (het)	'yaxta	יַכְטָה (נ)
sleepboot (de)	go'reret	גּוֹרֶרֶת (נ)
duwbak (de)	arba	אַרְבָּה (נ)
ferryboot (de)	ma'a'boret	מַעֲבּוֹרֶת (נ)
zeilboot (de)	sfinat mifras	סְפִינַת מִפְרָשׂ (נ)
brigantijn (de)	briganit	בְּרִיגָנִית (נ)
IJsbreker (de)	ʃo'veret 'kerax	שׁוֹבֶרֶת קֶרַח (נ)
duikboot (de)	tso'lelet	צוֹלֶלֶת (נ)
boot (de)	sira	סִירָה (נ)
sloep (de)	sira	סִירָה (נ)
reddingssloep (de)	sirat hatsala	סִירַת הַצָּלָה (נ)
motorboot (de)	sirat ma'no'a	סִירַת מָנוֹעַ (נ)
kapitein (de)	rav xovel	רַב־חוֹבֵל (ז)
zeeman (de)	malax	מַלָּח (ז)
matroos (de)	yamai	יַמַּאי (ז)
bemanning (de)	'tsevet	צֶוֶת (ז)
bootsman (de)	rav malaxim	רַב־מַלָּחִים (ז)
scheepsjongen (de)	'na'ar sipun	נַעַר סִיפּוּן (ז)
kok (de)	tabax	טַבָּח (ז)
scheepsarts (de)	rofe ha'oniya	רוֹפֵא הָאֳונִיָּה (ז)
dek (het)	sipun	סִיפּוּן (ז)
mast (de)	'toren	תּוֹרֶן (ז)
zeil (het)	mifras	מִפְרָשׂ (ז)
ruim (het)	'beten oniya	בֶּטֶן אֳונִיָּה (נ)
voorsteven (de)	xartom	חַרְטוֹם (ז)
achtersteven (de)	yarketei hasfina	יַרְכְּתֵי הַסְּפִינָה (ז״ר)
roeispaan (de)	maʃot	מָשׁוֹט (ז)
schroef (de)	madxef	מַדְחֵף (ז)
kajuit (de)	ta	תָּא (ז)
officierskamer (de)	mo'adon ktsinim	מוֹעֲדוֹן קְצִינִים (ז)
machinekamer (de)	xadar mexonot	חֲדַר מְכוֹנוֹת (ז)
brug (de)	'geʃer hapikud	גֶּשֶׁר הַפִּיקוּד (ז)
radiokamer (de)	ta alxutan	תָּא אַלְחוּטָן (ז)
radiogolf (de)	'teder	תֶּדֶר (ז)
logboek (het)	yoman ha'oniya	יוֹמָן הָאֳונִיָּה (ז)
verrekijker (de)	miʃkefet	מִשְׁקֶפֶת (נ)
klok (de)	pa'amon	פַּעֲמוֹן (ז)
vlag (de)	'degel	דֶּגֶל (ז)
kabel (de)	avot ha'oniya	עֲבוֹת הָאֳונִיָּה (נ)
knoop (de)	'keʃer	קֶשֶׁר (ז)
trapleuning (de)	ma'ake hasipun	מַעֲקֵה הַסִּיפּוּן (ז)

trap (de)	'keveʃ	כֶּבֶשׁ (ז)
anker (het)	'ogen	עוֹגֶן (ז)
het anker lichten	leharim 'ogen	לְהָרִים עוֹגֶן
het anker neerlaten	la'agon	לַעֲגוֹן
ankerketting (de)	ʃarʃeret ha'ogen	שַׁרְשֶׁרֶת הָעוֹגֶן (נ)

haven (bijv. containerhaven)	namal	נָמָל (ז)
kaai (de)	'mezaχ	מֶזַח (ז)
aanleggen (ww)	la'agon	לַעֲגוֹן
wegvaren (ww)	lehaflig	לְהַפְלִיג

reis (de)	masa, tiyul	מַסָּע (ז), טִיּוּל (ז)
cruise (de)	'ʃayit	שַׁיִט (ז)
koers (de)	kivun	כִּיווּן (ז)
route (de)	nativ	נָתִיב (ז)

vaarwater (het)	nativ 'ʃayit	נָתִיב שַׁיִט (ז)
zandbank (de)	sirton	שִׂרְטוֹן (ז)
stranden (ww)	la'alot al hasirton	לַעֲלוֹת עַל הַשִּׂרְטוֹן

storm (de)	sufa	סוּפָה (נ)
signaal (het)	ot	אוֹת (ז)
zinken (ov. een boot)	lit'bo'a	לִטְבּוֹעַ
Man overboord!	adam ba'mayim!	אָדָם בַּמַּיִם!
SOS (noodsignaal)	kri'at hatsala	קְרִיאַת הַצָּלָה
reddingsboei (de)	galgal hatsala	גַּלְגַּל הַצָּלָה (ז)

STAD

27. Stedelijk vervoer

bus, autobus (de)	'otobus	אוֹטוֹבּוּס (ז)
tram (de)	ra'kevet kala	רַכֶּבֶת קַלָּה (נ)
trolleybus (de)	tro'leibus	טרוֹלֵייבּוּס (ז)
route (de)	maslul	מַסלוּל (ז)
nummer (busnummer, enz.)	mispar	מִספָּר (ז)
rijden met …	lin'so'a be…	לִנסוֹעַ בְּ...
stappen (in de bus ~)	la'alot	לַעֲלוֹת
afstappen (ww)	la'redet mi…	לָרֶדֶת מִ...
halte (de)	taxana	תַּחֲנָה (נ)
volgende halte (de)	hataxana haba'a	הַתַּחֲנָה הַבָּאָה (נ)
eindpunt (het)	hataxana ha'axrona	הַתַּחֲנָה הָאַחֲרוֹנָה (נ)
dienstregeling (de)	'luax zmanim	לוּחַ זמַנִּים (ז)
wachten (ww)	lehamtin	לְהַמתִּין
kaartje (het)	kartis	כַּרטִיס (ז)
reiskosten (de)	mexir hanesiya	מְחִיר הַנְּסִיעָה (ז)
kassier (de)	kupai	קוּפַּאי (ז)
kaartcontrole (de)	bi'koret kartisim	בִּיקּוֹרֶת כַּרטִיסִים (נ)
controleur (de)	mevaker	מְבַקֵּר (ז)
te laat zijn (ww)	le'axer	לְאַחֵר
missen (de bus ~)	lefasfes	לְפַספֵּס
zich haasten (ww)	lemaher	לְמַהֵר
taxi (de)	monit	מוֹנִית (נ)
taxichauffeur (de)	nahag monit	נַהַג מוֹנִית (ז)
met de taxi (bw)	bemonit	בְּמוֹנִית
taxistandplaats (de)	taxanat moniyot	תַּחֲנַת מוֹנִיוֹת (נ)
een taxi bestellen	lehazmin monit	לְהַזמִין מוֹנִית
een taxi nemen	la'kaxat monit	לָקַחַת מוֹנִית
verkeer (het)	tnu'a	תְּנוּעָה (נ)
file (de)	pkak	פּקָק (ז)
spitsuur (het)	ʃa'ot 'omes	שְׁעוֹת עוֹמֶס (נ"ר)
parkeren (on.ww.)	laxanot	לַחֲנוֹת
parkeren (ov.ww.)	lehaxnot	לְהַחנוֹת
parking (de)	xanaya	חֲנָיָה (נ)
metro (de)	ra'kevet taxtit	רַכֶּבֶת תַּחתִּית (נ)
halte (bijv. kleine treinhalte)	taxana	תַּחֲנָה (נ)
de metro nemen	lin'so'a betaxtit	לִנסוֹעַ בְּתַחתִּית
trein (de)	ra'kevet	רַכֶּבֶת (נ)
station (treinstation)	taxanat ra'kevet	תַּחֲנַת רַכֶּבֶת (נ)

28. Stad. Het leven in de stad

stad (de)	ir	עִיר (נ)
hoofdstad (de)	ir bira	עִיר בִּירָה (נ)
dorp (het)	kfar	כְּפָר (ז)
plattegrond (de)	mapat ha'ir	מַפַּת הָעִיר (נ)
centrum (ov. een stad)	merkaz ha'ir	מֶרכַּז הָעִיר (ז)
voorstad (de)	parvar	פַּרוָר (ז)
voorstads- (abn)	parvari	פַּרוָרִי
randgemeente (de)	parvar	פַּרוָר (ז)
omgeving (de)	svivot	סבִיבוֹת (נ"ר)
blok (huizenblok)	ʃxuna	שכוּנָה (נ)
woonwijk (de)	ʃxunat megurim	שכוּנַת מְגוּרִים (נ)
verkeer (het)	tnu'a	תנוּעָה (נ)
verkeerslicht (het)	ramzor	רַמזוֹר (ז)
openbaar vervoer (het)	taxbura tsiburit	תַחבּוּרָה צִיבּוּרִית (נ)
kruispunt (het)	'tsomet	צוֹמֶת (ז)
zebrapad (oversteekplaats)	ma'avar xatsaya	מַעֲבָר חֲצָיָה (ז)
onderdoorgang (de)	ma'avar tat karka'i	מַעֲבָר תַת־קַרקָעִי (ז)
oversteken (de straat ~)	laxatsot	לַחֲצוֹת
voetganger (de)	holex 'regel	הוֹלֵך רֶגֶל (ז)
trottoir (het)	midraxa	מִדרָכָה (נ)
brug (de)	'geʃer	גֶשֶר (ז)
dijk (de)	ta'yelet	טַיֶלֶת (נ)
fontein (de)	mizraka	מִזרָקָה (נ)
allee (de)	sdera	שׂדֵרָה (נ)
park (het)	park	פַּארק (ז)
boulevard (de)	sdera	שׂדֵרָה (נ)
plein (het)	kikar	כִּיכָּר (נ)
laan (de)	rexov raʃi	רְחוֹב רָאשִי (ז)
straat (de)	rexov	רְחוֹב (ז)
zijstraat (de)	simta	סִמטָה (נ)
doodlopende straat (de)	mavoi satum	מָבוֹי סָתוּם (ז)
huis (het)	'bayit	בַּיִת (ז)
gebouw (het)	binyan	בִּניָין (ז)
wolkenkrabber (de)	gored ʃxakim	גוֹרֵד שׂחָקִים (ז)
gevel (de)	xazit	חָזִית (נ)
dak (het)	gag	גַג (ז)
venster (het)	xalon	חַלוֹן (ז)
boog (de)	'keʃet	קֶשֶת (נ)
pilaar (de)	amud	עַמוּד (ז)
hoek (ov. een gebouw)	pina	פִּינָה (נ)
vitrine (de)	xalon ra'ava	חַלוֹן רַאֲווָה (ז)
gevelreclame (de)	'ʃelet	שֶלֶט (ז)
affiche (de/het)	kraza	כּרָזָה (נ)
reclameposter (de)	'poster	פּוֹסטֶר (ז)

aanplakbord (het)	'luaҳ pirsum	לוּחַ פִּרְסוּם (ז)
vuilnis (de/het)	'zevel	זֶבֶל (ז)
vuilnisbak (de)	paҳ aʃpa	פַּח אַשְׁפָּה (ז)
afval weggooien (ww)	lelaҳleҳ	לְלַכְלֵךְ
stortplaats (de)	mizbala	מִזְבָּלָה (נ)

telefooncel (de)	ta 'telefon	תָּא טֶלֶפוֹן (ז)
straatlicht (het)	amud panas	עַמּוּד פָּנָס (ז)
bank (de)	safsal	סַפְסָל (ז)

politieagent (de)	ʃoter	שׁוֹטֵר (ז)
politie (de)	miʃtara	מִשְׁטָרָה (נ)
zwerver (de)	kabtsan	קַבְּצָן (ז)
dakloze (de)	ҳasar 'bayit	חֲסַר בַּיִת (ז)

29. Stedelijke instellingen

winkel (de)	ҳanut	חֲנוּת (נ)
apotheek (de)	beit mir'kaҳat	בֵּית מִרְקַחַת (ז)
optiek (de)	ҳanut miʃka'fayim	חֲנוּת מִשְׁקָפַיִם (נ)
winkelcentrum (het)	kanyon	קַנְיוֹן (ז)
supermarkt (de)	super'market	סוּפֶּרְמַרְקֶט (ז)

bakkerij (de)	ma'afiya	מַאֲפִיָּה (נ)
bakker (de)	ofe	אוֹפֶה (ז)
banketbakkerij (de)	ҳanut mamtakim	חֲנוּת מַמְתָּקִים (נ)
kruidenier (de)	ma'kolet	מַכֹּלֶת (נ)
slagerij (de)	itliz	אִטְלִיז (ז)

| groentewinkel (de) | ҳanut perot viyerakot | חֲנוּת פֵּירוֹת וִירָקוֹת (נ) |
| markt (de) | ʃuk | שׁוּק (ז) |

koffiehuis (het)	beit kafe	בֵּית קָפֶה (ז)
restaurant (het)	mis'ada	מִסְעָדָה (נ)
bar (de)	pab	פַּאבּ (ז)
pizzeria (de)	pi'tseriya	פִּיצֶרְיָה (נ)

kapperssalon (de/het)	mispara	מִסְפָּרָה (נ)
postkantoor (het)	'do'ar	דּוֹאַר (ז)
stomerij (de)	nikui yaveʃ	נִיקוּי יָבֵשׁ (ז)
fotostudio (de)	'studyo letsilum	סְטוּדְיוֹ לְצִילוּם (ז)

schoenwinkel (de)	ҳanut na'a'layim	חֲנוּת נַעֲלַיִים (נ)
boekhandel (de)	ҳanut sfarim	חֲנוּת סְפָרִים (נ)
sportwinkel (de)	ҳanut sport	חֲנוּת סְפּוֹרְט (נ)

kledingreparatie (de)	ҳanut tikun bgadim	חֲנוּת תִּיקוּן בְּגָדִים (נ)
kledingverhuur (de)	ҳanut haskarat bgadim	חֲנוּת הַשְׂכָּרַת בְּגָדִים (נ)
videotheek (de)	ҳanut haʃalat sratim	חֲנוּת הַשְׁאָלַת סְרָטִים (נ)

circus (de/het)	kirkas	קִרְקָס (ז)
dierentuin (de)	gan hayot	גַּן חַיּוֹת (ז)
bioscoop (de)	kol'no'a	קוֹלְנוֹעַ (ז)
museum (het)	muze'on	מוּזֵיאוֹן (ז)

bibliotheek (de)	sifriya	סִפְרִיָּה (נ)
theater (het)	te'atron	תֵּיאַטְרוֹן (ז)
opera (de)	beit 'opera	בֵּית אוֹפֶּרָה (ז)
nachtclub (de)	mo'adon 'laila	מוֹעֲדוֹן לַיְלָה (ז)
casino (het)	ka'zino	קָזִינוֹ (ז)
moskee (de)	misgad	מִסְגָּד (ז)
synagoge (de)	beit 'kneset	בֵּית כְּנֶסֶת (ז)
kathedraal (de)	kated'rala	קָתֶדְרָלָה (נ)
tempel (de)	mikdaʃ	מִקְדָּשׁ (ז)
kerk (de)	knesiya	כְּנֵסִיָּה (נ)
instituut (het)	miχlala	מִכְלָלָה (נ)
universiteit (de)	uni'versita	אוּנִיבֶרְסִיטָה (נ)
school (de)	beit 'sefer	בֵּית סֵפֶר (ז)
gemeentehuis (het)	maχoz	מָחוֹז (ז)
stadhuis (het)	iriya	עִירִיָּה (נ)
hotel (het)	beit malon	בֵּית מָלוֹן (ז)
bank (de)	bank	בַּנְק (ז)
ambassade (de)	ʃagrirut	שַׁגְרִירוּת (נ)
reisbureau (het)	soχnut nesi'ot	סוֹכְנוּת נְסִיעוֹת (נ)
informatieloket (het)	modi'in	מוֹדִיעִין (ז)
wisselkantoor (het)	misrad hamarat mat'be'a	מִשְׂרַד הֲמָרַת מַטְבֵּעַ (ז)
metro (de)	ra'kevet taχtit	רַכֶּבֶת תַּחְתִּית (נ)
ziekenhuis (het)	beit χolim	בֵּית חוֹלִים (ז)
benzinestation (het)	taχanat 'delek	תַּחֲנַת דֶּלֶק (נ)
parking (de)	migraʃ χanaya	מִגְרַשׁ חֲנָיָה (ז)

30. Borden

gevelreclame (de)	'ʃelet	שֶׁלֶט (ז)
opschrift (het)	moda'a	מוֹדָעָה (נ)
poster (de)	'poster	פּוֹסְטֶר (ז)
wegwijzer (de)	tamrur	תַּמְרוּר (ז)
pijl (de)	χeʦ	חַץ (ז)
waarschuwing (verwittiging)	azhara	אַזְהָרָה (נ)
waarschuwingsbord (het)	'ʃelet azhara	שֶׁלֶט אַזְהָרָה (ז)
waarschuwen (ww)	lehazhir	לְהַזְהִיר
vrije dag (de)	yom 'χofeʃ	יוֹם חוֹפֶשׁ (ז)
dienstregeling (de)	'luaχ zmanim	לוּחַ זְמַנִּים (ז)
openingsuren (mv.)	ʃa'ot avoda	שְׁעוֹת עֲבוֹדָה (נ"ר)
WELKOM!	bruχim haba'im!	בְּרוּכִים הַבָּאִים!
INGANG	knisa	כְּנִיסָה
UITGANG	yeʦi'a	יְצִיאָה
DUWEN	dχof	דְחוֹף
TREKKEN	mʃoχ	מְשׁוֹךְ

| OPEN | pa'tuax | פָּתוּחַ |
| GESLOTEN | sagur | סָגוּר |

| DAMES | lenaʃim | לְנָשִׁים |
| HEREN | legvarim | לִגְבָרִים |

KORTING	hanaxot	הֲנָחוֹת
UITVERKOOP	mivtsa	מִבְצָע
NIEUW!	xadaʃ!	חָדָשׁ!
GRATIS	xinam	חִינָם

PAS OP!	sim lev!	שִׂים לֵב!
VOLGEBOEKT	ein makom panui	אֵין מָקוֹם פָּנוּי
GERESERVEERD	ʃamur	שָׁמוּר

| ADMINISTRATIE | hanhala | הַנְהָלָה |
| ALLEEN VOOR PERSONEEL | le'ovdim bilvad | לְעוֹבְדִים בִּלְבַד |

GEVAARLIJKE HOND	zehirut 'kelev noʃex!	זְהִירוּת, כֶּלֶב נוֹשֵׁךְ!
VERBODEN TE ROKEN!	asur le'aʃen!	אָסוּר לְעַשֵׁן!
NIET AANRAKEN!	lo lagaat!	לא לָגַעַת!

GEVAARLIJK	mesukan	מְסוּכָּן
GEVAAR	sakana	סַכָּנָה
HOOGSPANNING	'metax ga'voha	מֶתַח גָבוֹהַ
VERBODEN TE ZWEMMEN	haraxatsa asura!	הָרַחֲצָה אֲסוּרָה!
BUITEN GEBRUIK	lo oved	לא עוֹבֵד

ONTVLAMBAAR	dalik	דָלִיק
VERBODEN	asur	אָסוּר
DOORGANG VERBODEN	asur la'avor	אָסוּר לַעֲבוֹר
OPGELET PAS GEVERFD	'tseva lax	צֶבַע לַח

31. Winkelen

kopen (ww)	liknot	לִקְנוֹת
aankoop (de)	kniya	קְנִיָה (נ)
winkelen (ww)	la'lexet lekniyot	לָלֶכֶת לִקְנִיוֹת
winkelen (het)	arixat kniyot	עֲרִיכַת קְנִיוֹת (נ)

| open zijn (ov. een winkel, enz.) | pa'tuax | פָּתוּחַ |
| gesloten zijn (ww) | sagur | סָגוּר |

schoeisel (het)	na'a'layim	נַעֲלַיים (נ״ר)
kleren (mv.)	bgadim	בְּגָדִים (ז״ר)
cosmetica (de)	tamrukim	תַמְרוּקִים (ז״ר)
voedingswaren (mv.)	mutsrei mazon	מוּצְרֵי מָזוֹן (ז״ר)
geschenk (het)	matana	מַתָנָה (נ)

verkoper (de)	moxer	מוֹכֵר (ז)
verkoopster (de)	mo'xeret	מוֹכֶרֶת (נ)
kassa (de)	kupa	קוּפָּה (נ)

spiegel (de)	mar'a	מַרְאָה (נ)
toonbank (de)	duχan	דּוּכָן (ז)
paskamer (de)	'χeder halbaʃa	חֲדַר הַלְבָּשָׁה (ז)

aanpassen (ww)	limdod	לִמְדוֹד
passen (ov. kleren)	lehat'im	לְהַתְאִים
bevallen (prettig vinden)	limtso χen be'ei'nayim	לִמְצוֹא חֵן בְּעֵינַיִים

prijs (de)	meχir	מְחִיר (ז)
prijskaartje (het)	tag meχir	תַּג מְחִיר (ז)
kosten (ww)	la'alot	לַעֲלוֹת
Hoeveel?	'kama?	כַּמָה?
korting (de)	hanaχa	הֲנָחָה (נ)

niet duur (bn)	lo yakar	לֹא יָקָר
goedkoop (bn)	zol	זוֹל
duur (bn)	yakar	יָקָר
Dat is duur.	ze yakar	זֶה יָקָר

verhuur (de)	haskara	הַשְׂכָּרָה (נ)
huren (smoking, enz.)	liskor	לִשְׂכּוֹר
krediet (het)	aʃrai	אַשְׁרַאי (ז)
op krediet (bw)	be'aʃrai	בְּאַשְׁרַאי

KLEDING EN ACCESSOIRES

32. Bovenkleding. Jassen

kleren (mv.), kleding (de)	bgadim	בְּגָדִים (ז״ר)
bovenkleding (de)	levuʃ elyon	לְבוּשׁ עֶלְיוֹן (ז)
winterkleding (de)	bigdei 'ꭓoref	בִּגְדֵי חוֹרֶף (ז״ר)
jas (de)	me'il	מְעִיל (ז)
bontjas (de)	me'il parva	מְעִיל פַּרְוָה (ז)
bontjasje (het)	me'il parva katsar	מְעִיל פַּרְוָה קָצָר (ז)
donzen jas (de)	me'il puꭓ	מְעִיל פּוּךְ (ז)
jasje (bijv. een leren ~)	me'il katsar	מְעִיל קָצָר (ז)
regenjas (de)	me'il 'geʃem	מְעִיל גֶּשֶׁם (ז)
waterdicht (bn)	amid be'mayim	עָמִיד בְּמַיִם

33. Heren & dames kleding

overhemd (het)	ꭓultsa	חוּלְצָה (נ)
broek (de)	miꭓna'sayim	מִכְנָסַיִם (ז״ר)
jeans (de)	miꭓnesei 'dʒins	מִכְנְסֵי ג׳ינְס (ז״ר)
colbert (de)	ʒaket	ז׳קֶט (ז)
kostuum (het)	ꭓalifa	חֲלִיפָה (נ)
jurk (de)	simla	שִׂמְלָה (נ)
rok (de)	ꭓatsa'it	חֲצָאִית (נ)
blouse (de)	ꭓultsa	חוּלְצָה (נ)
wollen vest (de)	ʒaket 'tsemer	ז׳קֶט צֶמֶר (ז)
blazer (kort jasje)	ʒaket	ז׳קֶט (ז)
T-shirt (het)	ti ʃert	טִי שֶׁרְט (ז)
shorts (mv.)	miꭓna'sayim ktsarim	מִכְנָסַיִם קְצָרִים (ז״ר)
trainingspak (het)	'trening	טְרֶנִינג (ז)
badjas (de)	ꭓaluk raꭓatsa	חָלוּק רַחְצָה (ז)
pyjama (de)	pi'dʒama	פִּיג׳מָה (נ)
sweater (de)	'sveder	סְוֶודֶר (ז)
pullover (de)	afuda	אֲפוּדָה (נ)
gilet (het)	vest	וֶסְט (ז)
rokkostuum (het)	frak	פְרָאק (ז)
smoking (de)	tuk'sido	טוּקְסִידוֹ (ז)
uniform (het)	madim	מַדִים (ז״ר)
werkkleding (de)	bigdei avoda	בִּגְדֵי עֲבוֹדָה (ז״ר)
overall (de)	sarbal	סַרְבָּל (ז)
doktersjas (de)	ꭓaluk	חָלוּק (ז)

34. Kleding. Ondergoed

ondergoed (het)	levanim	לְבָנִים (ז"ר)
herenslip (de)	taxtonim	תַחְתוֹנִים (ז"ר)
slipjes (mv.)	taxtonim	תַחְתוֹנִים (ז"ר)
onderhemd (het)	gufiya	גוּפִיָּה (נ)
sokken (mv.)	gar'bayim	גַרְבַּיִם (ז"ר)
nachthemd (het)	'ktonet 'laila	כְּתוֹנֶת לַיְלָה (נ)
beha (de)	xaziya	חֲזִייָה (נ)
kniekousen (mv.)	birkon	בִּרְכּוֹן (ז)
panty (de)	garbonim	גַרְבּוֹנִים (ז"ר)
nylonkousen (mv.)	garbei 'nailon	גַרְבֵּי נַיְלוֹן (ז"ר)
badpak (het)	'beged yam	בֶּגֶד יָם (ז)

35. Hoofddeksels

hoed (de)	'kova	כּוֹבַע (ז)
deukhoed (de)	'kova 'leved	כּוֹבַע לֶבֶד (ז)
honkbalpet (de)	'kova 'beisbol	כּוֹבַע בֵּייסְבּוֹל (ז)
kleppet (de)	'kova mitsxiya	כּוֹבַע מִצְחִייָה (ז)
baret (de)	baret	בָּרֶט (ז)
kap (de)	bardas	בַּרְדָס (ז)
panamahoed (de)	'kova 'tembel	כּוֹבַע טֶמְבֶּל (ז)
gebreide muts (de)	'kova 'gerev	כּוֹבַע גֶרֶב (ז)
hoofddoek (de)	mit'paxat	מִטְפַּחַת (נ)
dameshoed (de)	'kova	כּוֹבַע (ז)
veiligheidshelm (de)	kasda	קַסְדָה (נ)
veldmuts (de)	kumta	כּוּמְתָה (נ)
helm, valhelm (de)	kasda	קַסְדָה (נ)
bolhoed (de)	mig'ba'at me'u'gelet	מִגְבַּעַת מְעוּגֶלֶת (נ)
hoge hoed (de)	tsi'linder	צִילִינְדֶר (ז)

36. Schoeisel

schoeisel (het)	han'ala	הַנְעָלָה (נ)
schoenen (mv.)	na'a'layim	נַעֲלַיִם (נ"ר)
vrouwenschoenen (mv.)	na'a'layim	נַעֲלַיִם (נ"ר)
laarzen (mv.)	maga'fayim	מַגָפַיִם (ז"ר)
pantoffels (mv.)	na'alei 'bayit	נַעֲלֵי בַּיִת (נ"ר)
sportschoenen (mv.)	na'alei sport	נַעֲלֵי סְפּוֹרְט (נ"ר)
sneakers (mv.)	na'alei sport	נַעֲלֵי סְפּוֹרְט (נ"ר)
sandalen (mv.)	sandalim	סַנְדָלִים (ז"ר)
schoenlapper (de)	sandlar	סַנְדְלָר (ז)
hiel (de)	akev	עָקֵב (ז)

paar (een ~ schoenen)	zug	זוּג (ז)
veter (de)	sroχ	שְׂרוֹךְ (ז)
rijgen (schoenen ~)	lisroχ	לִשְׂרוֹךְ
schoenlepel (de)	kaf na'a'layim	כַּף נַעֲלַיִים (נ)
schoensmeer (de/het)	miʃχat na'a'layim	מִשְׁחַת נַעֲלַיִים (נ)

37. Persoonlijke accessoires

handschoenen (mv.)	kfafot	כְּפָפוֹת (נ״ר)
wanten (mv.)	kfafot	כְּפָפוֹת (נ״ר)
sjaal (fleece ~)	tsa'if	צָעִיף (ז)

bril (de)	miʃka'fayim	מִשְׁקָפַיִים (ז״ר)
brilmontuur (het)	mis'geret	מִסְגֶרֶת (נ)
paraplu (de)	mitriya	מִטְרִיָּה (נ)
wandelstok (de)	makel haliχa	מַקֵּל הֲלִיכָה (ז)
haarborstel (de)	miv'reʃet se'ar	מִבְרֶשֶׁת שֵׂעָר (נ)
waaier (de)	menifa	מְנִיפָה (נ)

das (de)	aniva	עֲנִיבָה (נ)
strikje (het)	anivat parpar	עֲנִיבַת פַּרְפַּר (נ)
bretels (mv.)	ktefiyot	כְּתֵפִיוֹת (נ״ר)
zakdoek (de)	mimχata	מִמְחָטָה (נ)

kam (de)	masrek	מַסְרֵק (ז)
haarspeldje (het)	sikat roʃ	סִיכַּת רֹאשׁ (נ)
schuifspeldje (het)	sikat se'ar	סִיכַּת שֵׂעָר (נ)
gesp (de)	avzam	אַבְזָם (ז)

| broekriem (de) | χagora | חֲגוֹרָה (נ) |
| draagriem (de) | retsu'at katef | רְצוּעַת כָּתֵף (נ) |

handtas (de)	tik	תִיק (ז)
damestas (de)	tik	תִיק (ז)
rugzak (de)	tarmil	תַרְמִיל (ז)

38. Kleding. Diversen

mode (de)	ofna	אוֹפְנָה (נ)
de mode (bn)	ofnati	אוֹפְנָתִי
kledingstilist (de)	me'atsev ofna	מְעַצֵּב אוֹפְנָה (ז)

kraag (de)	tsavaron	צַוָּארוֹן (ז)
zak (de)	kis	כִּיס (ז)
zak- (abn)	ʃel kis	שֶׁל כִּיס
mouw (de)	ʃarvul	שַׁרְווּל (ז)
lusje (het)	mitle	מִתְלֶה (ז)
gulp (de)	χanut	חָנוּת (נ)

rits (de)	roχsan	רוֹכְסָן (ז)
sluiting (de)	'keres	קֶרֶס (ז)
knoop (de)	kaftor	כַּפְתּוֹר (ז)

knoopsgat (het)	lula'a	לוּלָאָה (נ)
losraken (bijv. knopen)	lehitaleʃ	לְהִיתָלֵשׁ

naaien (kleren, enz.)	litpor	לִתְפּוֹר
borduren (ww)	lirkom	לִרְקוֹם
borduursel (het)	rikma	רִקְמָה (נ)
naald (de)	'maχat tfira	מַחַט תְּפִירָה (נ)
draad (de)	χut	חוּט (ז)
naad (de)	'tefer	תֶּפֶר (ז)

vies worden (ww)	lehitlaχleχ	לְהִתְלַכְלֵךְ
vlek (de)	'ketem	כֶּתֶם (ז)
gekreukt raken (ov. kleren)	lehitkamet	לְהִתְקַמֵּט
scheuren (ov.ww.)	lik'ro'a	לִקְרוֹעַ
mot (de)	aʃ	עָשׁ (ז)

39. Persoonlijke verzorging. Schoonheidsmiddelen

tandpasta (de)	miʃχat ʃi'nayim	מִשְׁחַת שִׁינַיִים (נ)
tandenborstel (de)	miv'reʃet ʃi'nayim	מִבְרֶשֶׁת שִׁינַיִים (נ)
tanden poetsen (ww)	leʦaχ'ʦeaχ ʃi'nayim	לְצַחְצֵחַ שִׁינַיִים

scheermes (het)	'ta'ar	תַּעַר (ז)
scheerschuim (het)	'keʦef gi'luaχ	קֶצֶף גִּילוּחַ (ז)
zich scheren (ww)	lehitga'leaχ	לְהִתְגַּלֵּחַ

zeep (de)	sabon	סַבּוֹן (ז)
shampoo (de)	ʃampu	שַׁמְפּוּ (ז)

schaar (de)	mispa'rayim	מִסְפָּרַיִים (ז"ר)
nagelvijl (de)	pʦira	פְּצִירָה (נ)
nagelknipper (de)	gozez ʦipor'nayim	גּוֹזֵז צִיפּוֹרְנַיִים (ז)
pincet (het)	pin'ʦeta	פִּינְצֶטָה (נ)

cosmetica (de)	tamrukim	תַּמְרוּקִים (ז"ר)
masker (het)	maseχa	מַסֵכָה (נ)
manicure (de)	manikur	מָנִיקוּר (ז)
manicure doen	la'asot manikur	לַעֲשׂוֹת מָנִיקוּר
pedicure (de)	pedikur	פֶּדִיקוּר (ז)

cosmetica tasje (het)	tik ipur	תִּיק אִיפּוּר (ז)
poeder (de/het)	'pudra	פּוּדְרָה (נ)
poederdoos (de)	pudriya	פּוּדְרִייָה (נ)
rouge (de)	'somek	סוֹמֶק (ז)

parfum (de/het)	'bosem	בּוֹשֶׂם (ז)
eau de toilet (de)	mei 'bosem	מֵי בּוֹשֶׂם (ז"ר)
lotion (de)	mei panim	מֵי פָּנִים (ז"ר)
eau de cologne (de)	mei 'bosem	מֵי בּוֹשֶׂם (ז"ר)

oogschaduw (de)	ʦlalit	צְלָלִית (נ)
oogpotlood (het)	ai 'lainer	אַיְ לַיְינֶר (ז)
mascara (de)	'maskara	מַסְקָרָה (נ)
lippenstift (de)	sfaton	שְׂפָתוֹן (ז)

nagellak (de)	'laka letsipor'nayim	לַכָּה לְצִיפּוֹרְנַיִים (נ)
haarlak (de)	tarsis lese'ar	תַרְסִיס לְשֵׂיעָר (ז)
deodorant (de)	de'odo'rant	דֵאוֹדוֹרָנְט (ז)

crème (de)	krem	קְרֶם (ז)
gezichtscrème (de)	krem panim	קְרֶם פָּנִים (ז)
handcrème (de)	krem ya'dayim	קְרֶם יָדַיִים (ז)
antirimpelcrème (de)	krem 'neged kmatim	קְרֶם נֶגֶד קְמָטִים (ז)
dagcrème (de)	krem yom	קְרֶם יוֹם (ז)
nachtcrème (de)	krem 'laila	קְרֶם לַיְלָה (ז)
dag- (abn)	yomi	יוֹמִי
nacht- (abn)	leili	לֵילִי

tampon (de)	tampon	טַמְפּוֹן (ז)
toiletpapier (het)	neyar tu'alet	נְיָיר טוּאָלֶט (ז)
föhn (de)	meyabef se'ar	מְיַיבֵּשׁ שֵׂיעָר (ז)

40. Horloges. Klokken

polshorloge (het)	fe'on yad	שְׁעוֹן יָד (ז)
wijzerplaat (de)	'luax fa'on	לוּחַ שָׁעוֹן (ז)
wijzer (de)	maxog	מָחוֹג (ז)
metalen horlogeband (de)	tsamid	צָמִיד (ז)
horlogebandje (het)	retsu'a lefa'on	רְצוּעָה לְשָׁעוֹן (נ)

batterij (de)	solela	סוֹלְלָה (נ)
leeg zijn (ww)	lehitroken	לְהִתְרוֹקֵן
batterij vervangen	lehaxlif	לְהַחְלִיף
voorlopen (ww)	lemaher	לְמַהֵר
achterlopen (ww)	lefager	לְפַגֵּר

wandklok (de)	fe'on kir	שְׁעוֹן קִיר (ז)
zandloper (de)	fe'on xol	שְׁעוֹן חוֹל (ז)
zonnewijzer (de)	fe'on 'femef	שְׁעוֹן שֶׁמֶשׁ (ז)
wekker (de)	fa'on me'orer	שָׁעוֹן מְעוֹרֵר (ז)
horlogemaker (de)	fa'an	שַׁעָן (ז)
repareren (ww)	letaken	לְתַקֵּן

ALLEDAAGSE ERVARING

41. Geld

geld (het)	'kesef	כֶּסֶף (ז)
ruil (de)	hamara	הֲמָרָה (נ)
koers (de)	ʃa'ar χalifin	שַׁעַר חֲלִיפִין (ז)
geldautomaat (de)	kaspomat	כַּסְפּוֹמָט (ז)
muntstuk (de)	mat'be'a	מַטְבֵּעַ (ז)
dollar (de)	'dolar	דוֹלָר (ז)
euro (de)	'eiro	אֵירוֹ (ז)
lire (de)	'lira	לִירָה (נ)
Duitse mark (de)	mark germani	מַרְק גֶּרְמָנִי (ז)
frank (de)	frank	פְרַנְק (ז)
pond sterling (het)	'lira 'sterling	לִירָה שְׁטֶרְלִינְג (נ)
yen (de)	yen	יֵן (ז)
schuld (geldbedrag)	χov	חוֹב (ז)
schuldenaar (de)	'ba'al χov	בַּעַל חוֹב (ז)
uitlenen (ww)	lehalvot	לְהַלְווֹת
lenen (geld ~)	lilvot	לִלְווֹת
bank (de)	bank	בַּנְק (ז)
bankrekening (de)	χeʃbon	חֶשְׁבּוֹן (ז)
storten (ww)	lehafkid	לְהַפְקִיד
op rekening storten	lehafkid leχeʃbon	לְהַפְקִיד לְחֶשְׁבּוֹן
opnemen (ww)	limʃoχ meχeʃbon	לִמְשׁוֹךְ מֵחֶשְׁבּוֹן
kredietkaart (de)	kartis aʃrai	כַּרְטִיס אַשְׁרַאי (ז)
baar geld (het)	mezuman	מְזוּמָן
cheque (de)	tʃek	צֶ׳ק (ז)
een cheque uitschrijven	liχtov tʃek	לִכְתּוֹב צֶ׳ק
chequeboekje (het)	pinkas 'tʃekim	פִּנְקָס צֶ׳קִים (ז)
portefeuille (de)	arnak	אַרְנָק (ז)
geldbeugel (de)	arnak lematbe''ot	אַרְנָק לְמַטְבְּעוֹת (ז)
safe (de)	ka'sefet	כַּסֶפֶת (נ)
erfgenaam (de)	yoreʃ	יוֹרֵשׁ (ז)
erfenis (de)	yeruʃa	יְרוּשָׁה (נ)
fortuin (het)	'oʃer	עוֹשֶׁר (ז)
huur (de)	χoze sχirut	חוֹזֶה שְׂכִירוּת (ז)
huurprijs (de)	sχar dira	שְׂכַר דִּירָה (ז)
huren (huis, kamer)	liskor	לִשְׂכּוֹר
prijs (de)	meχir	מְחִיר (ז)
kostprijs (de)	alut	עָלוּת (נ)

som (de)	sχum	סכּוּם (ז)
uitgeven (geld besteden)	lehotsi	לְהוֹצִיא
kosten (mv.)	hotsa'ot	הוֹצָאוֹת (נ"ר)
bezuinigen (ww)	laχasoχ	לַחֲסוֹךְ
zuinig (bn)	χesχoni	חֶסכוֹנִי
betalen (ww)	leʃalem	לְשַׁלֵם
betaling (de)	taʃlum	תַשְׁלוּם (ז)
wisselgeld (het)	'odef	עוֹדֶף (ז)
belasting (de)	mas	מַס (ז)
boete (de)	knas	קְנָס (ז)
beboeten (bekeuren)	liknos	לִקנוֹס

42. Post. Postkantoor

postkantoor (het)	'do'ar	דוֹאַר (ז)
post (de)	'do'ar	דוֹאַר (ז)
postbode (de)	davar	דַוָור (ז)
openingsuren (mv.)	ʃa'ot avoda	שְׁעוֹת עֲבוֹדָה (נ"ר)
brief (de)	miχtav	מִכתָב (ז)
aangetekende brief (de)	miχtav raʃum	מִכתָב רָשׁוּם (ז)
briefkaart (de)	gluya	גלוּיָה (נ)
telegram (het)	mivrak	מִברָק (ז)
postpakket (het)	χavila	חֲבִילָה (נ)
overschrijving (de)	ha'avarat ksafim	הַעֲבָרַת כּסָפִים (נ)
ontvangen (ww)	lekabel	לְקַבֵּל
sturen (zenden)	liʃloaχ	לִשׁלוֹחַ
verzending (de)	ʃliχa	שְׁלִיחָה (נ)
adres (het)	'ktovet	כּתוֹבֶת (נ)
postcode (de)	mikud	מִיקוּד (ז)
verzender (de)	ʃo'leaχ	שׁוֹלֵחַ (ז)
ontvanger (de)	nim'an	נִמעָן (ז)
naam (de)	ʃem prati	שֵׁם פּרָטִי (ז)
achternaam (de)	ʃem miʃpaχa	שֵׁם מִשׁפָּחָה (ז)
tarief (het)	ta'arif	תַעֲרִיף (ז)
standaard (bn)	ragil	רָגִיל
zuinig (bn)	χesχoni	חֶסכוֹנִי
gewicht (het)	miʃkal	מִשׁקָל (ז)
afwegen (op de weegschaal)	liʃkol	לִשׁקוֹל
envelop (de)	ma'atafa	מַעֲטָפָה (נ)
postzegel (de)	bul 'do'ar	בּוּל דוֹאַר (ז)
een postzegel plakken op	lehadbik bul	לְהַדבִּיק בּוּל

43. Bankieren

bank (de)	bank	בַּנק (ז)
bankfiliaal (het)	snif	סְנִיף (ז)

bankbediende (de)	yo'ets	יוֹעֵץ (ז)
manager (de)	menahel	מְנַהֵל (ז)
bankrekening (de)	χeʃbon	חֶשְׁבּוֹן (ז)
rekeningnummer (het)	mispar χeʃbon	מִסְפַּר חֶשְׁבּוֹן (ז)
lopende rekening (de)	χeʃbon over vaʃav	חֶשְׁבּוֹן עוֹבֵר וָשָׁב (ז)
spaarrekening (de)	χeʃbon χisaχon	חֶשְׁבּוֹן חִסָּכוֹן (ז)
een rekening openen	lif'toaχ χeʃbon	לִפְתּוֹחַ חֶשְׁבּוֹן
de rekening sluiten	lisgor χeʃbon	לִסְגּוֹר חֶשְׁבּוֹן
op rekening storten	lehafkid leχeʃbon	לְהַפְקִיד לְחֶשְׁבּוֹן
opnemen (ww)	limʃoχ meχeʃbon	לִמְשׁוֹךְ מֵחֶשְׁבּוֹן
storting (de)	pikadon	פִּיקָדוֹן (ז)
een storting maken	lehafkid	לְהַפְקִיד
overschrijving (de)	ha'avara banka'it	הַעֲבָרָה בַּנְקָאִית (נ)
een overschrijving maken	leha'avir 'kesef	לְהַעֲבִיר כֶּסֶף
som (de)	sχum	סְכוּם (ז)
Hoeveel?	'kama?	כַּמָה?
handtekening (de)	χatima	חֲתִימָה (נ)
ondertekenen (ww)	laχtom	לַחְתּוֹם
kredietkaart (de)	kartis aʃrai	כַּרְטִיס אַשְׁרַאי (ז)
code (de)	kod	קוֹד (ז)
kredietkaartnummer (het)	mispar kartis aʃrai	מִסְפַּר כַּרְטִיס אַשְׁרַאי (ז)
geldautomaat (de)	kaspomat	כַּסְפּוֹמָט (ז)
cheque (de)	tʃek	צֵ'ק (ז)
een cheque uitschrijven	liχtov tʃek	לִכְתּוֹב צֵ'ק
chequeboekje (het)	pinkas 'tʃekim	פִּנְקַס צֵ'קִים (ז)
lening, krediet (de)	halva'a	הַלְוָאָה (נ)
een lening aanvragen	levakeʃ halva'a	לְבַקֵּשׁ הַלְוָאָה
een lening nemen	lekabel halva'a	לְקַבֵּל הַלְוָאָה
een lening verlenen	lehalvot	לְהַלְווֹת
garantie (de)	arvut	עַרְבוּת (נ)

44. Telefoon. Telefoongesprek

telefoon (de)	'telefon	טֶלֶפוֹן (ז)
mobieltje (het)	'telefon nayad	טֶלֶפוֹן נַיָּד (ז)
antwoordapparaat (het)	meʃivon	מְשִׁיבוֹן (ז)
bellen (ww)	letsaltsel	לְצַלְצֵל
belletje (telefoontje)	siχat 'telefon	שִׂיחַת טֶלֶפוֹן (נ)
een nummer draaien	leχayeg mispar	לְחַיֵּיג מִסְפָּר
Hallo!	'halo!	הָלוֹ!
vragen (ww)	liʃol	לִשְׁאוֹל
antwoorden (ww)	la'anot	לַעֲנוֹת
horen (ww)	liʃmo'a	לִשְׁמוֹעַ
goed (bw)	tov	טוֹב

| slecht (bw) | lo tov | לא טוב |
| storingen (mv.) | hafra'ot | הַפְרָעוֹת (נ"ר) |

hoorn (de)	ʃfo'feret	שפוֹפֶרֶת (נ)
opnemen (ww)	leharim ʃfo'feret	לְהָרִים שפוֹפֶרֶת
ophangen (ww)	leha'niaχ ʃfo'feret	לְהָנִיחַ שפוֹפֶרֶת

bezet (bn)	tafus	תָפוּס
overgaan (ww)	letsaltsel	לְצַלְצֵל
telefoonboek (het)	'sefer tele'fonim	סֵפֶר טֶלֶפוֹנִים (ז)

lokaal (bn)	mekomi	מְקוֹמִי
lokaal gesprek (het)	siχa mekomit	שִׂיחָה מְקוֹמִית (נ)
interlokaal (bn)	bein ironi	בֵּין עִירוֹנִי
interlokaal gesprek (het)	siχa bein ironit	שִׂיחָה בֵּין עִירוֹנִית (נ)
buitenlands (bn)	benle'umi	בֵּינלְאוֹמִי
buitenlands gesprek (het)	siχa benle'umit	שִׂיחָה בֵּינלְאוֹמִית (נ)

45. Mobiele telefoon

mobieltje (het)	'telefon nayad	טֶלֶפוֹן נַיָּד (ז)
scherm (het)	masaχ	מָסָךְ (ז)
toets, knop (de)	kaftor	כַּפְתוֹר (ז)
simkaart (de)	kartis sim	כַּרְטִיס סִים (ז)

batterij (de)	solela	סוֹלְלָה (נ)
leeg zijn (ww)	lehitroken	לְהִתְרוֹקֵן
acculader (de)	mit'an	מַטְעָן (ז)

menu (het)	tafrit	תַפְרִיט (ז)
instellingen (mv.)	hagdarot	הַגְדָרוֹת (נ"ר)
melodie (beltoon)	mangina	מַנְגִּינָה (נ)
selecteren (ww)	livχor	לִבְחוֹר

rekenmachine (de)	maχʃevon	מַחְשְׁבּוֹן (ז)
voicemail (de)	ta koli	תָא קוֹלִי (ז)
wekker (de)	ʃa'on me'orer	שָׁעוֹן מְעוֹרֵר (ז)
contacten (mv.)	anʃei 'keʃer	אַנְשֵׁי קֶשֶׁר (ז"ר)

| SMS-bericht (het) | misron | מִסְרוֹן (ז) |
| abonnee (de) | manui | מָנוּי (ז) |

46. Schrijfbehoeften

| balpen (de) | et kaduri | עֵט כַּדּוּרִי (ז) |
| vulpen (de) | et no've'a | עֵט נוֹבֵעַ (ז) |

potlood (het)	iparon	עִיפָּרוֹן (ז)
marker (de)	'marker	מַרְקֵר (ז)
viltstift (de)	tuʃ	טוּשׁ (ז)
notitieboekje (het)	pinkas	פִּנְקָס (ז)
agenda (boekje)	yoman	יוֹמָן (ז)

liniaal (de/het)	sargel	סַרְגֵל (ז)
rekenmachine (de)	maxʃevon	מַחְשְׁבוֹן (ז)
gom (de)	'maxak	מַחַק (ז)
punaise (de)	'na'ats	נַעַץ (ז)
paperclip (de)	mehadek	מְהַדֵק (ז)
lijm (de)	'devek	דֶבֶק (ז)
nietmachine (de)	ʃadxan	שַׁדְכָן (ז)
perforator (de)	menakev	מְנַקֵב (ז)
potloodslijper (de)	maxded	מַחְדֵד (ז)

47. Vreemde talen

taal (de)	safa	שָׂפָה (נ)
vreemd (bn)	zar	זָר
vreemde taal (de)	safa zara	שָׂפָה זָרָה (נ)
leren (bijv. van buiten ~)	lilmod	לִלְמוֹד
studeren (Nederlands ~)	lilmod	לִלְמוֹד
lezen (ww)	likro	לִקְרוֹא
spreken (ww)	ledaber	לְדַבֵּר
begrijpen (ww)	lehavin	לְהָבִין
schrijven (ww)	lixtov	לִכְתוֹב
snel (bw)	maher	מַהֵר
langzaam (bw)	le'at	לְאַט
vloeiend (bw)	xofʃi	חוֹפְשִׁי
regels (mv.)	klalim	כְּלָלִים (ז"ר)
grammatica (de)	dikduk	דִקְדוּק (ז)
vocabulaire (het)	otsar milim	אוֹצַר מִילִים (ז)
fonetiek (de)	torat ha'hege	תוֹרַת הַהֶגֶה (נ)
leerboek (het)	'sefer limud	סֵפֶר לִימוּד (ז)
woordenboek (het)	milon	מִילוֹן (ז)
leerboek (het) voor zelfstudie	'sefer lelimud atsmi	סֵפֶר לְלִימוּד עַצְמִי (ז)
taalgids (de)	sixon	שִׂיחוֹן (ז)
cassette (de)	ka'letet	קַלֶטֶת (נ)
videocassette (de)	ka'letet 'vide'o	קַלֶטֶת וִידֵיאוֹ (נ)
CD (de)	taklitor	תַקְלִיטוֹר (ז)
DVD (de)	di vi di	דִי. וִי. דִי. (ז)
alfabet (het)	alefbeit	אָלֶפְבֵּית (ז)
spellen (ww)	le'ayet	לְאַיֵת
uitspraak (de)	hagiya	הֲגִיָה (נ)
accent (het)	mivta	מִבְטָא (ז)
met een accent (bw)	im mivta	עִם מִבְטָא
zonder accent (bw)	bli mivta	בְּלִי מִבְטָא
woord (het)	mila	מִילָה (נ)
betekenis (de)	maʃma'ut	מַשְׁמָעוּת (נ)
cursus (de)	kurs	קוּרְס (ז)

zich inschrijven (ww)	leherafem lekurs	לְהֵירָשֵׁם לְקוּרְס
leraar (de)	more	מוֹרֶה (ז)
vertaling (een ~ maken)	tirgum	תַּרְגּוּם (ז)
vertaling (tekst)	tirgum	תַּרְגּוּם (ז)
vertaler (de)	metargem	מְתַרְגֵּם (ז)
tolk (de)	meturgeman	מְתוּרְגְּמָן (ז)
polyglot (de)	poliglot	פּוֹלִיגְלוֹט (ז)
geheugen (het)	zikaron	זִיכָּרוֹן (ז)

MAALTIJDEN. RESTAURANT

48. Tafelschikking

lepel (de)	kaf	כַּף (ז)
mes (het)	sakin	סַכִּין (ז, נ)
vork (de)	mazleg	מַזְלֵג (ז)
kopje (het)	'sefel	סֵפֶל (ז)
bord (het)	tsa'laxat	צַלַּחַת (נ)
schoteltje (het)	taxtit	תַּחְתִּית (נ)
servet (het)	mapit	מַפִּית (נ)
tandenstoker (de)	keisam ʃi'nayim	קֵיסָם שִׁינַיִים (ז)

49. Restaurant

restaurant (het)	mis'ada	מִסְעָדָה (נ)
koffiehuis (het)	beit kafe	בֵּית קָפֶה (ז)
bar (de)	bar, pab	בָּר, פָּאבּ (ז)
tearoom (de)	beit te	בֵּית תֵּה (ז)
kelner, ober (de)	meltsar	מֶלְצָר (ז)
serveerster (de)	meltsarit	מֶלְצָרִית (נ)
barman (de)	'barmen	בַּרְמָן (ז)
menu (het)	tafrit	תַּפְרִיט (ז)
wijnkaart (de)	reʃimat yeynot	רְשִׁימַת יֵינוֹת (נ)
een tafel reserveren	lehazmin ʃulxan	לְהַזְמִין שׁוּלְחָן
gerecht (het)	mana	מָנָה (נ)
bestellen (eten ~)	lehazmin	לְהַזְמִין
een bestelling maken	lehazmin	לְהַזְמִין
aperitief (de/het)	maʃke meta'aven	מַשְׁקֶה מְתָאַבֵּן (ז)
voorgerecht (het)	meta'aven	מְתָאַבֵּן (ז)
dessert (het)	ki'nuax	קִינּוּחַ (ז)
rekening (de)	xeʃbon	חֶשְׁבּוֹן (ז)
de rekening betalen	leʃalem	לְשַׁלֵּם
wisselgeld teruggeven	latet 'odef	לָתֵת עוֹדֶף
fooi (de)	tip	טִיפּ (ז)

50. Maaltijden

eten (het)	'oxel	אוֹכֶל (ז)
eten (ww)	le'exol	לָאֱכוֹל

53

ontbijt (het)	aruχat 'boker	אֲרוּחַת בּוֹקֶר (נ)
ontbijten (ww)	le'eχol aruχat 'boker	לֶאֱכוֹל אֲרוּחַת בּוֹקֶר
lunch (de)	aruχat tsaha'rayim	אֲרוּחַת צָהֳרַיִים (נ)
lunchen (ww)	le'eχol aruχat tsaha'rayim	לֶאֱכוֹל אֲרוּחַת צָהֳרַיִים
avondeten (het)	aruχat 'erev	אֲרוּחַת עֶרֶב (נ)
souperen (ww)	le'eχol aruχat 'erev	לֶאֱכוֹל אֲרוּחַת עֶרֶב
eetlust (de)	te'avon	תֵּיאָבוֹן (ז)
Eet smakelijk!	betei'avon!	בְּתֵיאָבוֹן!
openen (een fles ~)	lif'toaχ	לִפְתּוֹחַ
morsen (koffie, enz.)	liʃpoχ	לִשְׁפּוֹךְ
zijn gemorst	lehiʃapeχ	לְהִישָׁפֵךְ
koken (water kookt bij 100°C)	lir'toaχ	לִרְתּוֹחַ
koken (Hoe om water te ~)	lehar'tiaχ	לְהַרְתִּיחַ
gekookt (~ water)	ra'tuaχ	רָתוּחַ
afkoelen (koeler maken)	lekarer	לְקָרֵר
afkoelen (koeler worden)	lehitkarer	לְהִתְקָרֵר
smaak (de)	'ta'am	טַעַם (ז)
nasmaak (de)	'ta'am levai	טַעַם לְוַואי (ז)
volgen een dieet	lirzot	לִרְזוֹת
dieet (het)	di''eta	דִּיאֶטָה (נ)
vitamine (de)	vitamin	וִיטָמִין (ז)
calorie (de)	ka'lorya	קָלוֹרְיָה (נ)
vegetariër (de)	tsimχoni	צִמְחוֹנִי (ז)
vegetarisch (bn)	tsimχoni	צִמְחוֹנִי
vetten (mv.)	ʃumanim	שׁוּמָנִים (ז"ר)
eiwitten (mv.)	χelbonim	חֶלְבּוֹנִים (ז"ר)
koolhydraten (mv.)	paχmema	פַּחְמֵימָה (נ)
snede (de)	prusa	פְּרוּסָה (נ)
stuk (bijv. een ~ taart)	χatiχa	חֲתִיכָה (נ)
kruimel (de)	perur	פֵּירוּר (ז)

51. Bereide gerechten

gerecht (het)	mana	מָנָה (נ)
keuken (bijv. Franse ~)	mitbaχ	מִטְבָּח (ז)
recept (het)	matkon	מַתְכּוֹן (ז)
portie (de)	mana	מָנָה (נ)
salade (de)	salat	סָלָט (ז)
soep (de)	marak	מָרָק (ז)
bouillon (de)	marak tsaχ, tsir	מָרָק צַח, צִיר (ז)
boterham (de)	kariχ	כָּרִיךְ (ז)
spiegelei (het)	beitsat ain	בֵּיצַת עַיִן (נ)
hamburger (de)	'hamburger	הַמְבּוּרְגֶּר (ז)
biefstuk (de)	umtsa, steik	אוּמְצָה (נ), סְטֵייק (ז)
garnering (de)	to'sefet	תּוֹסֶפֶת (נ)

spaghetti (de)	spa'geti	סְפָּגֶטִי (ז)
aardappelpuree (de)	meχit tapuχei adama	מְחִית תַּפּוּחֵי אֲדָמָה (נ)
pizza (de)	'pitsa	פִּיצָה (נ)
pap (de)	daysa	דַּייְסָה (נ)
omelet (de)	χavita	חֲבִיתָה (נ)

gekookt (in water)	mevuʃal	מְבוּשָׁל
gerookt (bn)	me'uʃan	מְעוּשָׁן
gebakken (bn)	metugan	מְטוּגָּן
gedroogd (bn)	meyubaʃ	מְיוּבָּשׁ
diepvries (bn)	kafu	קָפוּא
gemarineerd (bn)	kavuʃ	כָּבוּשׁ

zoet (bn)	matok	מָתוֹק
gezouten (bn)	ma'luaχ	מָלוּחַ
koud (bn)	kar	קַר
heet (bn)	χam	חַם
bitter (bn)	marir	מָרִיר
lekker (bn)	ta'im	טָעִים

koken (in kokend water)	levaʃel be'mayim rotχim	לְבַשֵּׁל בְּמַיִם רוֹתְחִים
bereiden (avondmaaltijd ~)	levaʃel	לְבַשֵּׁל
bakken (ww)	letagen	לְטַגֵּן
opwarmen (ww)	leχamem	לְחַמֵּם

zouten (ww)	leham'liaχ	לְהַמְלִיחַ
peperen (ww)	lefalpel	לְפַלְפֵּל
raspen (ww)	lerasek	לְרַסֵּק
schil (de)	klipa	קְלִיפָּה (נ)
schillen (ww)	lekalef	לְקַלֵּף

52. Voedsel

vlees (het)	basar	בָּשָׂר (ז)
kip (de)	of	עוֹף (ז)
kuiken (het)	pargit	פַּרְגִּית (נ)
eend (de)	barvaz	בַּרְוָז (ז)
gans (de)	avaz	אֲוָז (ז)
wild (het)	'tsayid	צַיִד (ז)
kalkoen (de)	'hodu	הוֹדוּ (ז)

varkensvlees (het)	basar χazir	בָּשָׂר חֲזִיר (ז)
kalfsvlees (het)	basar 'egel	בָּשָׂר עֵגֶל (ז)
schapenvlees (het)	basar 'keves	בָּשָׂר כֶּבֶשׂ (ז)
rundvlees (het)	bakar	בָּקָר (ז)
konijnenvlees (het)	arnav	אַרְנָב (ז)

worst (de)	naknik	נַקְנִיק (ז)
saucijs (de)	naknikiya	נַקְנִיקִייָה (נ)
spek (het)	'kotel χazir	קוֹתֶל חֲזִיר (ז)
ham (de)	basar χazir me'uʃan	בָּשָׂר חֲזִיר מְעוּשָׁן (ז)
gerookte achterham (de)	'kotel χazir me'uʃan	קוֹתֶל חֲזִיר מְעוּשָׁן (ז)
paté, pastei (de)	pate	פָּטֶה (ז)
lever (de)	kaved	כָּבֵד (ז)

gehakt (het)	basar taχun	בָּשָׂר טָחוּן (ז)
tong (de)	laʃon	לָשׁוֹן (נ)
ei (het)	beitsa	בֵּיצָה (נ)
eieren (mv.)	beitsim	בֵּיצִים (נ"ר)
eiwit (het)	χelbon	חֶלְבּוֹן (ז)
eigeel (het)	χelmon	חֶלְמוֹן (ז)
vis (de)	dag	דָג (ז)
zeevruchten (mv.)	perot yam	פֵּירוֹת יָם (ז"ר)
schaaldieren (mv.)	sartana'im	סַרְטָנָאִים (ז"ר)
kaviaar (de)	kavyar	קָוְיָאר (ז)
krab (de)	sartan yam	סַרְטָן יָם (ז)
garnaal (de)	ʃrimps	שְׁרִימְפְּס (ז"ר)
oester (de)	tsidpat ma'aχal	צִדְפַּת מַאֲכָל (נ)
langoest (de)	'lobster kotsani	לוֹבְּסְטֶר קוֹצָנִי (ז)
octopus (de)	tamnun	תַּמְנוּן (ז)
inktvis (de)	kala'mari	קָלָמָארִי (ז)
steur (de)	basar haχidkan	בָּשָׂר הַחִדְקָן (ז)
zalm (de)	'salmon	סַלְמוֹן (ז)
heilbot (de)	putit	פּוּטִית (נ)
kabeljauw (de)	ʃibut	שִׁיבּוּט (ז)
makreel (de)	kolyas	קוֹלְיָס (ז)
tonijn (de)	'tuna	טוּנָה (נ)
paling (de)	tslofaχ	צְלוֹפָח (ז)
forel (de)	forel	פוֹרֶל (ז)
sardine (de)	sardin	סַרְדִין (ז)
snoek (de)	ze'ev 'mayim	זְאֵב מַיִם (ז)
haring (de)	ma'liaχ	מָלִיחַ (ז)
brood (het)	'leχem	לֶחֶם (ז)
kaas (de)	gvina	גְבִינָה (נ)
suiker (de)	sukar	סוּכָּר (ז)
zout (het)	'melaχ	מֶלַח (ז)
rijst (de)	'orez	אוֹרֶז (ז)
pasta (de)	'pasta	פַּסְטָה (נ)
noedels (mv.)	irtiyot	אִטְרִיּוֹת (נ"ר)
boter (de)	χem'a	חֶמְאָה (נ)
plantaardige olie (de)	'ʃemen tsimχi	שֶׁמֶן צִמְחִי (ז)
zonnebloemolie (de)	'ʃemen χamaniyot	שֶׁמֶן חַמָּנִיּוֹת (ז)
margarine (de)	marga'rina	מַרְגָרִינָה (נ)
olijven (mv.)	zeitim	זֵיתִים (ז"ר)
olijfolie (de)	'ʃemen 'zayit	שֶׁמֶן זַיִת (ז)
melk (de)	χalav	חָלָב (ז)
gecondenseerde melk (de)	χalav merukaz	חָלָב מְרוּכָּז (ז)
yoghurt (de)	'yogurt	יוֹגוּרְט (ז)
zure room (de)	ʃa'menet	שַׁמֶּנֶת (נ)
room (de)	ʃa'menet	שַׁמֶּנֶת (נ)

mayonaise (de)	mayonez	מָיוֹנֶז (ז)
crème (de)	ka'tsefet χem'a	קַצֶּפֶת חֶמְאָה (נ)
graan (het)	grisim	גְּרִיסִים (ז״ר)
meel (het), bloem (de)	'kemaχ	קֶמַח (ז)
conserven (mv.)	ʃimurim	שִׁימוּרִים (ז״ר)
maïsvlokken (mv.)	ptitei 'tiras	פְּתִיתֵי תִּירָס (ז״ר)
honing (de)	dvaʃ	דְּבַשׁ (ז)
jam (de)	riba	רִיבָּה (נ)
kauwgom (de)	'mastik	מַסְטִיק (ז)

53. Drankjes

water (het)	'mayim	מַיִם (ז״ר)
drinkwater (het)	mei ʃtiya	מֵי שְׁתִיָה (ז״ר)
mineraalwater (het)	'mayim mine'raliyim	מַיִם מִינֶרָלִיִּים (ז״ר)
zonder gas	lo mugaz	לֹא מוּגָז
koolzuurhoudend (bn)	mugaz	מוּגָז
bruisend (bn)	mugaz	מוּגָז
IJs (het)	'keraχ	קֶרַח (ז)
met ijs	im 'keraχ	עִם קֶרַח
alcohol vrij (bn)	natul alkohol	נָטוּל אַלְכּוֹהוֹל
alcohol vrije drank (de)	maʃke kal	מַשְׁקֶה קַל (ז)
frisdrank (de)	maʃke mera'anen	מַשְׁקֶה מְרַעֲנֵן (ז)
limonade (de)	limo'nada	לִימוֹנָדָה (נ)
alcoholische dranken (mv.)	maʃka'ot χarifim	מַשְׁקָאוֹת חֲרִיפִים (ז״ר)
wijn (de)	'yayin	יַיִן (ז)
witte wijn (de)	'yayin lavan	יַיִן לָבָן (ז)
rode wijn (de)	'yayin adom	יַיִן אָדֹם (ז)
likeur (de)	liker	לִיקֶר (ז)
champagne (de)	ʃam'panya	שַׁמְפַּנְיָה (נ)
vermout (de)	'vermut	וֶרְמוּט (ז)
whisky (de)	'viski	וִיסְקִי (ז)
wodka (de)	'vodka	וֹדְקָה (נ)
gin (de)	dʒin	גִּ׳ין (ז)
cognac (de)	'konyak	קוֹנְיָאק (ז)
rum (de)	rom	רוֹם (ז)
koffie (de)	kafe	קָפֶה (ז)
zwarte koffie (de)	kafe ʃaχor	קָפֶה שָׁחוֹר (ז)
koffie (de) met melk	kafe hafuχ	קָפֶה הָפוּךְ (ז)
cappuccino (de)	kapu'tʃino	קָפּוּצִ׳ינוֹ (ז)
oploskoffie (de)	kafe names	קָפֶה נָמֵס (ז)
melk (de)	χalav	חָלָב (ז)
cocktail (de)	kokteil	קוֹקְטֵיל (ז)
milkshake (de)	'milkʃeik	מִילְקְשֵׁייק (ז)
sap (het)	mits	מִיץ (ז)

57

tomatensap (het)	mits agvaniyot	מִיץ עַגְבָנִיּוֹת (ז)
sinaasappelsap (het)	mits tapuzim	מִיץ תַּפּוּזִים (ז)
vers geperst sap (het)	mits saχut	מִיץ סָחוּט (ז)
bier (het)	'bira	בִּירָה (נ)
licht bier (het)	'bira bahira	בִּירָה בָּהִירָה (נ)
donker bier (het)	'bira keha	בִּירָה כֵּהָה (נ)
thee (de)	te	תֵּה (ז)
zwarte thee (de)	te ʃaχor	תֵּה שָׁחוֹר (ז)
groene thee (de)	te yarok	תֵּה יָרוֹק (ז)

54. Groenten

groenten (mv.)	yerakot	יְרָקוֹת (ז״ר)
verse kruiden (mv.)	'yerek	יֶרֶק (ז)
tomaat (de)	agvaniya	עַגְבָנִיָּה (נ)
augurk (de)	melafefon	מְלָפְפוֹן (ז)
wortel (de)	'gezer	גֶּזֶר (ז)
aardappel (de)	ta'puaχ adama	תַּפּוּחַ אֲדָמָה (ז)
ui (de)	batsal	בָּצָל (ז)
knoflook (de)	ʃum	שׁוּם (ז)
kool (de)	kruv	כְּרוּב (ז)
bloemkool (de)	kruvit	כְּרוּבִית (נ)
spruitkool (de)	kruv nitsanim	כְּרוּב נִצָּנִים (ז)
broccoli (de)	'brokoli	בְּרוֹקוֹלִי (ז)
rode biet (de)	'selek	סֶלֶק (ז)
aubergine (de)	χatsil	חָצִיל (ז)
courgette (de)	kiʃu	קִישׁוּא (ז)
pompoen (de)	'dla'at	דְּלַעַת (נ)
raap (de)	'lefet	לֶפֶת (נ)
peterselie (de)	petro'zilya	פֶּטְרוֹזִילְיָה (נ)
dille (de)	ʃamir	שָׁמִיר (ז)
sla (de)	'χasa	חַסָּה (נ)
selderij (de)	'seleri	סֶלֶרִי (ז)
asperge (de)	aspa'ragos	אַסְפָּרָגוֹס (ז)
spinazie (de)	'tered	תֶּרֶד (ז)
erwt (de)	afuna	אֲפוּנָה (נ)
bonen (mv.)	pol	פּוֹל (ז)
maïs (de)	'tiras	תִּירָס (ז)
boon (de)	ʃu'it	שְׁעוּעִית (נ)
peper (de)	'pilpel	פִּלְפֵּל (ז)
radijs (de)	tsnonit	צְנוֹנִית (נ)
artisjok (de)	artiʃok	אַרְטִישׁוֹק (ז)

55. Vruchten. Noten

vrucht (de)	pri	פְּרִי (ז)
appel (de)	ta'puaχ	תַּפּוּחַ (ז)
peer (de)	agas	אַגָּס (ז)
citroen (de)	limon	לִימוֹן (ז)
sinaasappel (de)	tapuz	תַּפּוּז (ז)
aardbei (de)	tut sade	תּוּת שָׂדֶה (ז)
mandarijn (de)	klemen'tina	קְלֶמֶנְטִינָה (נ)
pruim (de)	ʃezif	שְׁזִיף (ז)
perzik (de)	afarsek	אֲפַרְסֵק (ז)
abrikoos (de)	'miʃmeʃ	מִשְׁמֵשׁ (ז)
framboos (de)	'petel	פֶּטֶל (ז)
ananas (de)	'ananas	אֲנָנָס (ז)
banaan (de)	ba'nana	בַּנָנָה (נ)
watermeloen (de)	ava'tiaχ	אֲבַטִּיחַ (ז)
druif (de)	anavim	עֲנָבִים (ז"ר)
zure kers (de)	duvdevan	דּוּבְדְּבָן (ז)
zoete kers (de)	gudgedan	גּוּדְגְּדָן (ז)
meloen (de)	melon	מֶלוֹן (ז)
grapefruit (de)	eʃkolit	אֶשְׁכּוֹלִית (נ)
avocado (de)	avo'kado	אֲבוֹקָדוֹ (ז)
papaja (de)	pa'paya	פַּפָּאיָה (נ)
mango (de)	'mango	מַנְגּוֹ (ז)
granaatappel (de)	rimon	רִימוֹן (ז)
rode bes (de)	dumdemanit aduma	דּוּמְדְּמָנִית אֲדוּמָה (נ)
zwarte bes (de)	dumdemanit ʃχora	דּוּמְדְּמָנִית שְׁחוֹרָה (נ)
kruisbes (de)	χazarzar	חֲזַרְזַר (ז)
bosbes (de)	uχmanit	אוּכְמָנִית (נ)
braambes (de)	'petel ʃaχor	פֶּטֶל שָׁחוֹר (ז)
rozijn (de)	tsimukim	צִימוּקִים (ז"ר)
vijg (de)	te'ena	תְּאֵנָה (נ)
dadel (de)	tamar	תָּמָר (ז)
pinda (de)	botnim	בּוֹטְנִים (ז"ר)
amandel (de)	ʃaked	שָׁקֵד (ז)
walnoot (de)	egoz 'meleχ	אֱגוֹז מֶלֶךְ (ז)
hazelnoot (de)	egoz ilsar	אֱגוֹז אִלְסָר (ז)
kokosnoot (de)	'kokus	קוֹקוּס (ז)
pistaches (mv.)	'fistuk	פִּיסְטוּק (ז)

56. Brood. Snoep

suikerbakkerij (de)	mutsrei kondi'torya	מוּצְרֵי קוֹנְדִיטוֹרְיָה (ז"ר)
brood (het)	'leχem	לֶחֶם (ז)
koekje (het)	ugiya	עוּגִיָּה (נ)
chocolade (de)	'ʃokolad	שׁוֹקוֹלָד (ז)
chocolade- (abn)	mi'ʃokolad	מְשׁוֹקוֹלָד

snoepje (het)	sukariya	סֻכָּרִיָּה (נ)
cakeje (het)	uga	עוּגָה (נ)
taart (bijv. verjaardags~)	uga	עוּגָה (נ)

| pastei (de) | pai | פַּאי (ז) |
| vulling (de) | milui | מִילּוּי (ז) |

confituur (de)	riba	רִיבָּה (נ)
marmelade (de)	marme'lada	מַרְמָלָדָה (נ)
wafel (de)	'vaflim	וָפְלִים (ז"ר)
IJsje (het)	'glida	גְּלִידָה (נ)
pudding (de)	'puding	פּוּדִינג (ז)

57. Kruiden

zout (het)	'melax	מֶלַח (ז)
gezouten (bn)	ma'luax	מָלוּחַ
zouten (ww)	leham'liax	לְהַמְלִיחַ

zwarte peper (de)	'pilpel ʃaxor	פִּלְפֵּל שָׁחוֹר (ז)
rode peper (de)	'pilpel adom	פִּלְפֵּל אָדוֹם (ז)
mosterd (de)	xardal	חַרְדָּל (ז)
mierikswortel (de)	xa'zeret	חֲזֶרֶת (נ)

condiment (het)	'rotev	רוֹטֶב (ז)
specerij ,kruiderij (de)	tavlin	תַּבְלִין (ז)
saus (de)	'rotev	רוֹטֶב (ז)
azijn (de)	'xomets	חוֹמֶץ (ז)

anijs (de)	kamnon	כַּמְנוֹן (ז)
basilicum (de)	rexan	רֵיחָן (ז)
kruidnagel (de)	tsi'poren	צִיפּוֹרֶן (ז)
gember (de)	'dʒindʒer	גִ'ינגֶ'ר (ז)
koriander (de)	'kusbara	כּוּסְבָּרָה (נ)
kaneel (de/het)	kinamon	קִינָמוֹן (ז)

sesamzaad (het)	'ʃumʃum	שׁוּמְשׁוֹם (ז)
laurierblad (het)	ale dafna	עֲלֵה דַּפְנָה (ז)
paprika (de)	'paprika	פַּפְּרִיקָה (נ)
komijn (de)	'kimel	קִימֶל (ז)
saffraan (de)	ze'afran	זְעֵפְרָן (ז)

PERSOONLIJKE INFORMATIE. FAMILIE

58. Persoonlijke informatie. Formulieren

naam (de)	ʃem	שֵׁם (ז)
achternaam (de)	ʃem miʃpaχa	שֵׁם מִשְׁפָּחָה (ז)
geboortedatum (de)	taʾariχ leda	תַּאֲרִיךְ לֵידָה (ז)
geboorteplaats (de)	mekom leda	מְקוֹם לֵידָה (ז)
nationaliteit (de)	leʾom	לְאוֹם (ז)
woonplaats (de)	mekom megurim	מְקוֹם מְגוּרִים (ז)
land (het)	medina	מְדִינָה (נ)
beroep (het)	mikʾtsoʾa	מִקְצוֹעַ (ז)
geslacht (ov. het vrouwelijk ~)	min	מִין (ז)
lengte (de)	ʾgova	גּוֹבַה (ז)
gewicht (het)	miʃkal	מִשְׁקָל (ז)

59. Familieleden. Verwanten

moeder (de)	em	אֵם (נ)
vader (de)	av	אָב (ז)
zoon (de)	ben	בֵּן (ז)
dochter (de)	bat	בַּת (נ)
jongste dochter (de)	habat haktana	הַבַּת הַקְּטַנָּה (נ)
jongste zoon (de)	haben hakatan	הַבֵּן הַקָּטָן (ז)
oudste dochter (de)	habat habχora	הַבַּת הַבְּכוֹרָה (נ)
oudste zoon (de)	haben habχor	הַבֵּן הַבְּכוֹר (ז)
broer (de)	aχ	אָח (ז)
oudere broer (de)	aχ gadol	אָח גָּדוֹל (ז)
jongere broer (de)	aχ katan	אָח קָטָן (ז)
zuster (de)	aχot	אָחוֹת (נ)
oudere zuster (de)	aχot gdola	אָחוֹת גְּדוֹלָה (נ)
jongere zuster (de)	aχot ktana	אָחוֹת קְטַנָּה (נ)
neef (zoon van oom, tante)	ben dod	בֵּן דּוֹד (ז)
nicht (dochter van oom, tante)	bat ʾdoda	בַּת דּוֹדָה (נ)
mama (de)	ʾima	אִמָּא (נ)
papa (de)	ʾaba	אַבָּא (ז)
ouders (mv.)	horim	הוֹרִים (ז"ר)
kind (het)	ʾyeled	יֶלֶד (ז)
kinderen (mv.)	yeladim	יְלָדִים (ז"ר)
oma (de)	ʾsavta	סַבְתָּא (נ)
opa (de)	ʾsaba	סַבָּא (ז)

kleinzoon (de)	'neχed	נֶכֶד (ז)
kleindochter (de)	neχda	נֶבְדָה (נ)
kleinkinderen (mv.)	neχadim	נְכָדִים (ז"ר)

oom (de)	dod	דּוֹד (ז)
tante (de)	'doda	דּוֹדָה (נ)
neef (zoon van broer, zus)	aχyan	אַחְיָן (ז)
nicht (dochter van broer, zus)	aχyanit	אַחְיָנִית (נ)

schoonmoeder (de)	χamot	חָמוֹת (נ)
schoonvader (de)	χam	חָם (ז)
schoonzoon (de)	χatan	חָתָן (ז)
stiefmoeder (de)	em χoreget	אֵם חוֹרֶגֶת (נ)
stiefvader (de)	av χoreg	אָב חוֹרֵג (ז)

zuigeling (de)	tinok	תִּינוֹק (ז)
wiegenkind (het)	tinok	תִּינוֹק (ז)
kleuter (de)	pa'ot	פָּעוֹט (ז)

vrouw (de)	iʃa	אִשָּׁה (נ)
man (de)	'ba'al	בַּעַל (ז)
echtgenoot (de)	ben zug	בֶּן זוּג (ז)
echtgenote (de)	bat zug	בַּת זוּג (נ)

gehuwd (mann.)	nasui	נָשׂוּי
gehuwd (vrouw.)	nesu'a	נְשׂוּאָה
ongehuwd (mann.)	ravak	רַוָּק
vrijgezel (de)	ravak	רַוָּק (ז)
gescheiden (bn)	garuʃ	גָּרוּשׁ
weduwe (de)	almana	אַלְמָנָה (נ)
weduwnaar (de)	alman	אַלְמָן (ז)

familielid (het)	karov miʃpaχa	קְרוֹב מִשְׁפָּחָה (ז)
dichte familielid (het)	karov miʃpaχa	קְרוֹב מִשְׁפָּחָה (ז)
verre familielid (het)	karov raχok	קְרוֹב רָחוֹק (ז)
familieleden (mv.)	krovei miʃpaχa	קְרוֹבֵי מִשְׁפָּחָה (ז"ר)

wees (de), weeskind (het)	yatom	יָתוֹם (ז)
wees (weesjongen)	yatom	יָתוֹם (ז)
wees (weesmeisje)	yetoma	יְתוֹמָה (נ)
voogd (de)	apo'tropos	אַפּוֹטְרוֹפּוֹס (ז)
adopteren (een jongen te ~)	le'amets	לְאַמֵּץ

60. Vrienden. Collega's

vriend (de)	χaver	חָבֵר (ז)
vriendin (de)	χavera	חֲבֵרָה (נ)
vriendschap (de)	yedidut	יְדִידוּת (נ)
bevriend zijn (ww)	lihyot yadidim	לִהְיוֹת יְדִידִים

makker (de)	χaver	חָבֵר (ז)
vriendin (de)	χavera	חֲבֵרָה (נ)
partner (de)	ʃutaf	שׁוּתָף (ז)
chef (de)	menahel, roʃ	מְנַהֵל (ז), רֹאשׁ (ז)

baas (de)	memune	מְמוּנֶה (ז)
eigenaar (de)	be'alim	בְּעָלִים (ז)
ondergeschikte (de)	kafuf le	כָּפוּף ל (ז)
collega (de)	amit	עָמִית (ז)
kennis (de)	makar	מַכָּר (ז)
medereiziger (de)	ben levaya	בֶּן לְוָיָה (ז)
klasgenoot (de)	xaver lekita	חָבֵר לְכִּיתָה (ז)
buurman (de)	ʃaxen	שָׁכֵן (ז)
buurvrouw (de)	ʃxena	שְׁכֵנָה (נ)
buren (mv.)	ʃxenim	שְׁכֵנִים (ז"ר)

MENSELIJK LICHAAM. GENEESKUNDE

61. Hoofd

hoofd (het)	roʃ	רֹאשׁ (ז)
gezicht (het)	panim	פָּנִים (ז"ר)
neus (de)	af	אַף (ז)
mond (de)	pe	פֶּה (ז)
oog (het)	'ayin	עַיִן (נ)
ogen (mv.)	ei'nayim	עֵינַיִים (נ"ר)
pupil (de)	iʃon	אִישׁוֹן (ז)
wenkbrauw (de)	gaba	גַּבָּה (נ)
wimper (de)	ris	רִיס (ז)
ooglid (het)	af'af	עַפְעַף (ז)
tong (de)	laʃon	לָשׁוֹן (נ)
tand (de)	ʃen	שֵׁן (נ)
lippen (mv.)	sfa'tayim	שְׂפָתַיִים (נ"ר)
jukbeenderen (mv.)	atsamot leχa'yayim	עֲצָמוֹת לְחָיַים (נ"ר)
tandvlees (het)	χani'χayim	חֲנִיכַיִים (ז"ר)
gehemelte (het)	χeχ	חֵךְ (ז)
neusgaten (mv.)	neχi'rayim	נְחִירַיִים (ז"ר)
kin (de)	santer	סַנְטֵר (ז)
kaak (de)	'leset	לֶסֶת (נ)
wang (de)	'leχi	לָחִי (נ)
voorhoofd (het)	'metsaχ	מֵצַח (ז)
slaap (de)	raka	רַקָּה (נ)
oor (het)	'ozen	אוֹזֶן (נ)
achterhoofd (het)	'oref	עוֹרֶף (ז)
hals (de)	tsavar	צַוָּאר (ז)
keel (de)	garon	גָּרוֹן (ז)
haren (mv.)	se'ar	שֵׂיעָר (ז)
kapsel (het)	tis'roket	תִּסְרֹקֶת (נ)
haarsnit (de)	tis'poret	תִּסְפֹּרֶת (נ)
pruik (de)	pe'a	פֵּאָה (נ)
snor (de)	safam	שָׂפָם (ז)
baard (de)	zakan	זָקָן (ז)
dragen (een baard, enz.)	legadel	לְגַדֵּל
vlecht (de)	tsama	צַמָּה (נ)
bakkebaarden (mv.)	pe'ot leχa'yayim	פֵּאוֹת לְחָיַים (נ"ר)
ros (roodachtig, rossig)	'dʒindʒi	ג'ינג'י
grijs (~ haar)	kasuf	כָּסוּף
kaal (bn)	ke'reaχ	קֵירֵחַ
kale plek (de)	ka'raχat	קָרַחַת (נ)

| paardenstaart (de) | 'kuku | קוּקוּ (ז) |
| pony (de) | 'poni | פּוֹנִי (ז) |

62. Menselijk lichaam

| hand (de) | kaf yad | כַּף יָד (נ) |
| arm (de) | yad | יָד (נ) |

vinger (de)	'etsba	אֶצְבַּע (נ)
teen (de)	'bohen	בּוֹהֶן (נ)
duim (de)	agudal	אֲגוּדָל (ז)
pink (de)	'zeret	זֶרֶת (נ)
nagel (de)	tsi'poren	צִיפּוֹרֶן (נ)

vuist (de)	egrof	אֶגְרוֹף (ז)
handpalm (de)	kaf yad	כַּף יָד (נ)
pols (de)	ʃoreʃ kaf hayad	שׁוֹרֶשׁ כַּף הַיָד (ז)
voorarm (de)	ama	אַמָה (נ)
elleboog (de)	marpek	מַרְפֵּק (ז)
schouder (de)	katef	כָּתֵף (נ)

been (rechter ~)	'regel	רֶגֶל (נ)
voet (de)	kaf 'regel	כַּף רֶגֶל (נ)
knie (de)	'berex	בֶּרֶךְ (נ)
kuit (de)	ʃok	שׁוֹק (נ)
heup (de)	yarex	יָרֵךְ (נ)
hiel (de)	akev	עָקֵב (נ)

lichaam (het)	guf	גוּף (ז)
buik (de)	'beten	בֶּטֶן (נ)
borst (de)	xaze	חָזֶה (ז)
borst (de)	ʃad	שַׁד (ז)
zijde (de)	tsad	צַד (ז)
rug (de)	gav	גַב (ז)
lage rug (de)	mot'nayim	מוֹתְנָיִים (ז"ר)
taille (de)	'talya	טַלְיָה (נ)

navel (de)	tabur	טַבּוּר (ז)
billen (mv.)	axo'rayim	אֲחוֹרַיִים (ז"ר)
achterwerk (het)	yaʃvan	יַשְׁבָן (ז)

huidvlek (de)	nekudat xen	נְקוּדַת חֵן (נ)
moedervlek (de)	'ketem leida	כֶּתֶם לֵידָה (ז)
tatoeage (de)	ka'a'ku'a	קַעֲקוּעַ (ז)
litteken (het)	tsa'leket	צַלֶקֶת (נ)

63. Ziekten

ziekte (de)	maxala	מַחֲלָה (נ)
ziek zijn (ww)	lihyot xole	לִהְיוֹת חוֹלֶה
gezondheid (de)	bri'ut	בְּרִיאוּת (נ)
snotneus (de)	na'zelet	נַזֶלֶת (נ)

angina (de)	da'leket ʃkedim	דַּלֶּקֶת שְׁקֵדִים (נ)
verkoudheid (de)	hitstanenut	הִצְטַנְּנוּת (נ)
verkouden raken (ww)	lehitstanen	לְהִצְטַנֵּן
bronchitis (de)	bron'χitis	בְּרוֹנְכִיטִיס (ז)
longontsteking (de)	da'leket re'ot	דַּלֶּקֶת רֵיאוֹת (נ)
griep (de)	ʃa'pa'at	שַׁפַּעַת (נ)
bijziend (bn)	ktsar re'iya	קְצַר רְאִיָּה
verziend (bn)	reχok re'iya	רְחוֹק־רְאִיָּה
scheelheid (de)	pzila	פְּזִילָה (נ)
scheel (bn)	pozel	פּוֹזֵל
grauwe staar (de)	katarakt	קָטָרַקְט (ז)
glaucoom (het)	gla'u'koma	גְּלָאוֹקוֹמָה (נ)
beroerte (de)	ʃavats moχi	שְׁבָץ מוֹחִי (ז)
hartinfarct (het)	hetkef lev	הֶתְקֵף לֵב (ז)
myocardiaal infarct (het)	'otem ʃrir halev	אוֹטֶם שְׁרִיר הַלֵּב (ז)
verlamming (de)	ʃituk	שִׁיתּוּק (ז)
verlammen (ww)	leʃatek	לְשַׁתֵּק
allergie (de)	a'lergya	אָלֶרְגְּיָה (נ)
astma (de/het)	'astma, ka'tseret	אַסְתְמָה, קַצֶּרֶת (נ)
diabetes (de)	su'keret	סֻכֶּרֶת (נ)
tandpijn (de)	ke'ev ʃi'nayim	כְּאֵב שִׁנַּיִים (ז)
tandbederf (het)	a'ʃeʃet	עַשֶּׁשֶׁת (נ)
diarree (de)	ʃilʃul	שִׁלְשׁוּל (ז)
constipatie (de)	atsirut	עֲצִירוּת (נ)
maagstoornis (de)	kilkul keiva	קִלְקוּל קֵיבָה (ז)
voedselvergiftiging (de)	har'alat mazon	הַרְעָלַת מָזוֹן (נ)
voedselvergiftiging oplopen	laχatof har'alat mazon	לַחֲטוֹף הַרְעָלַת מָזוֹן
artritis (de)	da'leket mifrakim	דַּלֶּקֶת מִפְרָקִים (נ)
rachitis (de)	ra'keχet	רַכֶּכֶת (נ)
reuma (het)	ʃigaron	שִׁיגָּרוֹן (ז)
arteriosclerose (de)	ar'teryo skle'rosis	אַרְטֶרְיוֹ־סְקְלֶרוֹסִיס (ז)
gastritis (de)	da'leket keiva	דַּלֶּקֶת קֵיבָה (נ)
blindedarmontsteking (de)	da'leket toseftan	דַּלֶּקֶת תּוֹסֶפְתָּן (נ)
galblaasontsteking (de)	da'leket kis hamara	דַּלֶּקֶת כִּיס הַמָּרָה (נ)
zweer (de)	'ulkus, kiv	אוּלְקוּס, כִּיב (ז)
mazelen (mv.)	χa'tsevet	חַצֶּבֶת (נ)
rodehond (de)	a'demet	אֲדֶמֶת (נ)
geelzucht (de)	tsa'hevet	צַהֶבֶת (נ)
leverontsteking (de)	da'leket kaved	דַּלֶּקֶת כָּבֵד (נ)
schizofrenie (de)	sχizo'frenya	סְכִיזוֹפְרֶנְיָה (נ)
dolheid (de)	ka'levet	כַּלֶּבֶת (נ)
neurose (de)	noi'roza	נוֹירוֹזָה (נ)
hersenschudding (de)	za'a'zu'a 'moaχ	זַעֲזוּעַ מוֹחַ (ז)
kanker (de)	sartan	סַרְטָן (ז)
sclerose (de)	ta'reʃet	טָרֶשֶׁת (נ)

multiple sclerose (de)	ta'reʃet nefotsa	טָרֶשֶׁת נְפוֹצָה (נ)
alcoholisme (het)	alkoholizm	אַלכּוֹהוֹלִיזם (ז)
alcoholicus (de)	alkoholist	אַלכּוֹהוֹלִיסט (ז)
syfilis (de)	a'gevet	עַגֶבֶת (נ)
AIDS (de)	eids	אֵיידס (ז)

tumor (de)	gidul	גִידוֹל (ז)
kwaadaardig (bn)	mam'ir	מַמאִיר
goedaardig (bn)	ʃapir	שַׁפִיר

koorts (de)	ka'daxat	קַדַחַת (נ)
malaria (de)	ma'larya	מָלַריָה (נ)
gangreen (het)	gan'grena	גַנגרֶנָה (נ)
zeeziekte (de)	maxalat yam	מַחֲלַת יָם (נ)
epilepsie (de)	maxalat hanefila	מַחֲלַת הַנְפִילָה (נ)

epidemie (de)	magefa	מַגֵיפָה (נ)
tyfus (de)	'tifus	טִיפוּס (ז)
tuberculose (de)	ʃa'xefet	שַׁחֶפֶת (נ)
cholera (de)	ko'lera	כּוֹלֵרָה (נ)
pest (de)	davar	דֶבֶר (ז)

64. Symptomen. Behandelingen. Deel 1

symptoom (het)	simptom	סִימפּטוֹם (ז)
temperatuur (de)	xom	חוֹם (ז)
verhoogde temperatuur (de)	xom ga'voha	חוֹם גָבוֹהַ (ז)
polsslag (de)	'dofek	דוֹפֶק (ז)

duizeling (de)	sxar'xoret	סחַרחוֹרֶת (נ)
heet (erg warm)	xam	חַם
koude rillingen (mv.)	tsmar'moret	צַמַרמוֹרֶת (נ)
bleek (bn)	xiver	חִיוֵור

hoest (de)	ʃi'ul	שִׁיעוּל (ז)
hoesten (ww)	lehiʃta'el	לְהִשׁתַעֵל
niezen (ww)	lehit'ateʃ	לְהִתעַטֵשׁ
flauwte (de)	ilafon	עִילָפוֹן (ז)
flauwvallen (ww)	lehit'alef	לְהִתעַלֵף

blauwe plek (de)	xabura	חַבּוּרָה (נ)
buil (de)	blita	בּלִיטָה (נ)
zich stoten (ww)	lekabel maka	לְקַבֵּל מַכָּה
kneuzing (de)	maka	מַכָּה (נ)
kneuzen (gekneusd zijn)	lekabel maka	לְקַבֵּל מַכָּה

hinken (ww)	lits'lo'a	לִצלוֹעַ
verstuiking (de)	'neka	נֶקַע (ז)
verstuiken (enkel, enz.)	lin'ko'a	לִנקוֹעַ
breuk (de)	'ʃever	שֶׁבֶר (ז)
een breuk oplopen	liʃbor	לִשׁבּוֹר

snijwond (de)	xatax	חָתָך (ז)
zich snijden (ww)	lehixatex	לְהֵיחָתֵך

bloeding (de)	dimum	דִּימוּם (ז)
brandwond (de)	kviya	כְּווִיָּה (נ)
zich branden (ww)	laxatof kviya	לַחֲטוֹף כְּווִיָּה
prikken (ww)	lidkor	לִדְקוֹר
zich prikken (ww)	lehidaker	לְהִידָּקֵר
blesseren (ww)	lif'tso'a	לִפְצוֹעַ
blessure (letsel)	ptsi'a	פְּצִיעָה (נ)
wond (de)	'petsa	פֶּצַע (ז)
trauma (het)	'tra'uma	טְרָאוּמָה (נ)
IJlen (ww)	lahazot	לַהֲזוֹת
stotteren (ww)	legamgem	לְגַמְגֵם
zonnesteek (de)	makat 'ʃemeʃ	מַכַּת שֶׁמֶשׁ (נ)

65. Symptomen. Behandelingen. Deel 2

pijn (de)	ke'ev	כְּאֵב (ז)
splinter (de)	kots	קוֹץ (ז)
zweet (het)	ze'a	זֵיעָה (נ)
zweten (ww)	leha'zi'a	לְהַזִּיעַ
braking (de)	haka'a	הֲקָאָה (נ)
stuiptrekkingen (mv.)	pirkusim	פִּרְכּוּסִים (ז"ר)
zwanger (bn)	hara	הָרָה
geboren worden (ww)	lehivaled	לְהִיווָלֵד
geboorte (de)	leda	לֵידָה (נ)
baren (ww)	la'ledet	לָלֶדֶת
abortus (de)	hapala	הַפָּלָה (נ)
ademhaling (de)	neʃima	נְשִׁימָה (נ)
inademing (de)	ʃe'ifa	שְׁאִיפָה (נ)
uitademing (de)	neʃifa	נְשִׁיפָה (נ)
uitademen (ww)	linʃof	לִנְשׁוֹף
inademen (ww)	liʃof	לִשְׁאוֹף
invalide (de)	naxe	נָכֶה (ז)
gehandicapte (de)	naxe	נָכֶה (ז)
drugsverslaafde (de)	narkoman	נַרְקוֹמָן (ז)
doof (bn)	xereʃ	חֵירֵשׁ
stom (bn)	ilem	אִילֵם
doofstom (bn)	xereʃ-ilem	חֵירֵשׁ-אִילֵם
krankzinnig (bn)	meʃuga	מְשׁוּגָע
krankzinnige (man)	meʃuga	מְשׁוּגָע (ז)
krankzinnige (vrouw)	meʃu'ga'at	מְשׁוּגַעַת (נ)
krankzinnig worden	lehiʃta'ge'a	לְהִשְׁתַּגֵעַ
gen (het)	gen	גֵן (ז)
immuniteit (de)	xasinut	חֲסִינוּת (נ)
erfelijk (bn)	toraʃti	תּוֹרַשְׁתִּי
aangeboren (bn)	mulad	מוּלָד

virus (het)	'virus	וִירוּס (ז)
microbe (de)	xaidak	חַיְידַק (ז)
bacterie (de)	bak'terya	בַּקְטֶרְיָה (נ)
infectie (de)	zihum	זִיהוּם (ז)

66. Symptomen. Behandelingen. Deel 3

ziekenhuis (het)	beit xolim	בֵּית חוֹלִים (ז)
patiënt (de)	metupal	מְטוּפָּל (ז)
diagnose (de)	avxana	אַבְחָנָה (נ)
genezing (de)	ripui	רִיפּוּי (ז)
medische behandeling (de)	tipul refu'i	טִיפּוּל רְפוּאִי (ז)
onder behandeling zijn	lekabel tipul	לְקַבֵּל טִיפּוּל
behandelen (ww)	letapel be...	לְטַפֵּל בְּ...
zorgen (zieken ~)	letapel be...	לְטַפֵּל בְּ...
ziekenzorg (de)	tipul	טִיפּוּל (ז)
operatie (de)	ni'tuax	נִיתוּחַ (ז)
verbinden (een arm ~)	laxboʃ	לַחְבּוֹשׁ
verband (het)	xaviʃa	חֲבִישָׁה (נ)
vaccin (het)	xisun	חִיסוּן (ז)
inenten (vaccineren)	lexasen	לְחַסֵן
injectie (de)	zrika	זְרִיקָה (נ)
een injectie geven	lehazrik	לְהַזְרִיק
aanval (de)	hetkef	הֶתְקֵף (ז)
amputatie (de)	kti'a	קְטִיעָה (נ)
amputeren (ww)	lik'to'a	לִקְטוֹעַ
coma (het)	tar'demet	תַרְדֶמֶת (נ)
in coma liggen	lihyot betar'demet	לִהְיוֹת בְּתַרְדֶמֶת
intensieve zorg, ICU (de)	tipul nimrats	טִיפּוּל נִמְרָץ (ז)
zich herstellen (ww)	lehaxlim	לְהַחְלִים
toestand (de)	matsav	מַצָב (ז)
bewustzijn (het)	hakara	הַכָּרָה (נ)
geheugen (het)	zikaron	זִיכָּרוֹן (ז)
trekken (een kies ~)	la'akor	לַעֲקוֹר
vulling (de)	stima	סְתִימָה (נ)
vullen (ww)	la'asot stima	לַעֲשׂוֹת סְתִימָה
hypnose (de)	hip'noza	הִיפְּנוֹזָה (נ)
hypnotiseren (ww)	lehapnet	לְהַפְנֵט

67. Geneeskunde. Medicijnen. Accessoires

geneesmiddel (het)	trufa	תְרוּפָה (נ)
middel (het)	trufa	תְרוּפָה (נ)
voorschrijven (ww)	lirʃom	לִרְשׁוֹם
recept (het)	mirʃam	מִרְשָׁם (ז)

tablet (de/het)	kadur	כַּדּוּר (ז)
zalf (de)	mifχa	מִשְׁחָה (נ)
ampul (de)	'ampula	אַמְפּוּלָה (נ)
drank (de)	ta'a'rovet	תַּעֲרוֹבֶת (נ)
siroop (de)	sirop	סִירוֹפּ (ז)
pil (de)	gluya	גְּלוּיָה (נ)
poeder (de/het)	avka	אַבְקָה (נ)
verband (het)	taχ'boʃet 'gaza	תַּחְבּוֹשֶׁת גָּאזָה (נ)
watten (mv.)	'tsemer 'gefen	צֶמֶר גֶּפֶן (ז)
jodium (het)	yod	יוֹד (ז)
pleister (de)	'plaster	פְּלַסְטֶר (ז)
pipet (de)	taf'tefet	טַפְטֶפֶת (נ)
thermometer (de)	madχom	מַדְחוֹם (ז)
spuit (de)	mazrek	מַזְרֵק (ז)
rolstoel (de)	kise galgalim	כִּיסֵא גַּלְגַּלִּים (ז)
krukken (mv.)	ka'bayim	קַבַּיִם (ז"ר)
pijnstiller (de)	meʃakeχ ke'evim	מְשַׁכֵּךְ כְּאֵבִים (ז)
laxeermiddel (het)	trufa meʃal'ʃelet	תְּרוּפָה מְשַׁלְשֶׁלֶת (נ)
spiritus (de)	'kohal	כּוֹהַל (ז)
medicinale kruiden (mv.)	isvei marpe	עִשְׂבֵי מַרְפֵּא (ז"ר)
kruiden- (abn)	ʃel asavim	שֶׁל עֲשָׂבִים

APPARTEMENT

68. Appartement

appartement (het)	dira	דִּירָה (נ)
kamer (de)	'xeder	חֶדֶר (ז)
slaapkamer (de)	χadar ʃena	חֲדַר שֵׁינָה (ז)
eetkamer (de)	pinat 'oχel	פִּינַת אוֹכֶל (נ)
salon (de)	salon	סָלוֹן (ז)
studeerkamer (de)	χadar avoda	חֲדַר עֲבוֹדָה (ז)
gang (de)	prozdor	פְּרוֹזְדוֹר (ז)
badkamer (de)	χadar am'batya	חֲדַר אַמְבַּטְיָה (ז)
toilet (het)	ʃerutim	שֵׁירוּתִים (ז"ר)
plafond (het)	tikra	תִּקְרָה (נ)
vloer (de)	ritspa	רִצְפָּה (נ)
hoek (de)	pina	פִּינָה (נ)

69. Meubels. Interieur

meubels (mv.)	rehitim	רָהִיטִים (ז"ר)
tafel (de)	ʃulχan	שׁוּלְחָן (ז)
stoel (de)	kise	כִּסֵּא (ז)
bed (het)	mita	מִיטָה (נ)
bankstel (het)	sapa	סַפָּה (נ)
fauteuil (de)	kursa	כּוּרְסָה (נ)
boekenkast (de)	aron sfarim	אָרוֹן סְפָרִים (ז)
boekenrek (het)	madaf	מַדָּף (ז)
kledingkast (de)	aron bgadim	אָרוֹן בְּגָדִים (ז)
kapstok (de)	mitle	מִתְלֶה (ז)
staande kapstok (de)	mitle	מִתְלֶה (ז)
commode (de)	ʃida	שִׁידָה (נ)
salontafeltje (het)	ʃulχan itonim	שׁוּלְחַן עִיתּוֹנִים (ז)
spiegel (de)	mar'a	מַרְאָה (נ)
tapijt (het)	ʃa'tiaχ	שָׁטִיחַ (ז)
tapijtje (het)	ʃa'tiaχ	שָׁטִיחַ (ז)
haard (de)	aχ	אָח (נ)
kaars (de)	ner	נֵר (ז)
kandelaar (de)	pamot	פָּמוֹט (ז)
gordijnen (mv.)	vilonot	וִילוֹנוֹת (ז"ר)
behang (het)	tapet	טַפֶּט (ז)

jaloezie (de)	trisim	תְּרִיסִים (ז"ר)
bureaulamp (de)	menorat ʃulχan	מְנוֹרַת שׁוּלְחָן (נ)
wandlamp (de)	menorat kir	מְנוֹרַת קִיר (נ)
staande lamp (de)	menora o'medet	מְנוֹרָה עוֹמֶדֶת (נ)
luchter (de)	niv'reʃet	נִבְרֶשֶׁת (נ)
poot (ov. een tafel, enz.)	'regel	רֶגֶל (נ)
armleuning (de)	miʃ'enet yad	מִשְׁעֶנֶת יָד (נ)
rugleuning (de)	miʃ'enet	מִשְׁעֶנֶת (נ)
la (de)	megera	מְגֵירָה (נ)

70. Beddengoed

beddengoed (het)	matsa'im	מַצָּעִים (ז"ר)
kussen (het)	karit	כָּרִית (נ)
kussenovertrek (de)	tsipit	צִיפִית (נ)
deken (de)	smiχa	שְׂמִיכָה (נ)
laken (het)	sadin	סָדִין (ז)
sprei (de)	kisui mita	כִּיסּוּי מִיטָה (ז)

71. Keuken

keuken (de)	mitbaχ	מִטְבָּח (ז)
gas (het)	gaz	גָּז (ז)
gasfornuis (het)	tanur gaz	תַּנּוּר גָּז (ז)
elektrisch fornuis (het)	tanur χaʃmali	תַּנּוּר חַשְׁמַלִּי (ז)
oven (de)	tanur afiya	תַּנּוּר אֲפִייָה (ז)
magnetronoven (de)	mikrogal	מִיקְרוֹגַל (ז)
koelkast (de)	mekarer	מְקָרֵר (ז)
diepvriezer (de)	makpi	מַקְפִּיא (ז)
vaatwasmachine (de)	me'diaχ kelim	מֵדִיחַ כֵּלִים (ז)
vleesmolen (de)	matχenat basar	מַטְחֲנַת בָּשָׂר (נ)
vruchtenpers (de)	masχeta	מַסְחֵטָה (נ)
toaster (de)	'toster	טוֹסְטֶר (ז)
mixer (de)	'mikser	מִיקְסֶר (ז)
koffiemachine (de)	meχonat kafe	מְכוֹנַת קָפֶה (נ)
koffiepot (de)	findʒan	פִינְגָ'אן (ז)
koffiemolen (de)	matχenat kafe	מַטְחֲנַת קָפֶה (נ)
fluitketel (de)	kumkum	קוּמְקוּם (ז)
theepot (de)	kumkum	קוּמְקוּם (ז)
deksel (de/het)	miχse	מִכְסֶה (ז)
theezeefje (het)	mis'nenet te	מְסַנֶּנֶת תָה (נ)
lepel (de)	kaf	כַּף (נ)
theelepeltje (het)	kapit	כַּפִּית (נ)
eetlepel (de)	kaf	כַּף (נ)
vork (de)	mazleg	מַזְלֵג (ז)
mes (het)	sakin	סַכִּין (ז, נ)

vaatwerk (het)	kelim	כֵּלִים (ז"ר)
bord (het)	tsa'laxat	צַלַּחַת (נ)
schoteltje (het)	taxtit	תַּחְתִּית (נ)
likeurglas (het)	kosit	כּוֹסִית (נ)
glas (het)	kos	כּוֹס (נ)
kopje (het)	'sefel	סֵפֶל (ז)
suikerpot (de)	mis'keret	מִסְכֶּרֶת (נ)
zoutvat (het)	milxiya	מִלְחִיָּה (נ)
pepervat (het)	pilpeliya	פִּלְפְּלִיָּה (נ)
boterschaaltje (het)	maxame'a	מַחְמָאָה (נ)
steelpan (de)	sir	סִיר (ז)
bakpan (de)	maxvat	מַחְבַת (נ)
pollepel (de)	tarvad	תַּרְוָד (ז)
vergiet (de/het)	mis'nenet	מְסַנֶּנֶת (נ)
dienblad (het)	magaf	מַגָּשׁ (ז)
fles (de)	bakbuk	בַּקְבּוּק (ז)
glazen pot (de)	tsin'tsenet	צִנְצֶנֶת (נ)
blik (conserven~)	paxit	פַּחִית (נ)
flesopener (de)	potxan bakbukim	פּוֹתְחָן בַּקְבּוּקִים (ז)
blikopener (de)	potxan kufsa'ot	פּוֹתְחָן קוּפְסָאוֹת (ז)
kurkentrekker (de)	maxlets	מַחְלֵץ (ז)
filter (de/het)	'filter	פִילְטֶר (ז)
filteren (ww)	lesanen	לְסַנֵּן
huisvuil (het)	'zevel	זֶבֶל (ז)
vuilnisemmer (de)	pax 'zevel	פַּח זֶבֶל (ז)

72. Badkamer

badkamer (de)	xadar am'batya	חֲדַר אַמְבַּטְיָה (ז)
water (het)	'mayim	מַיִם (ז"ר)
kraan (de)	'berez	בֶּרֶז (ז)
warm water (het)	'mayim xamim	מַיִם חַמִּים (ז"ר)
koud water (het)	'mayim karim	מַיִם קָרִים (ז"ר)
tandpasta (de)	mifxat fi'nayim	מִשְׁחַת שִׁנַּיִים (נ)
tanden poetsen (ww)	letsax'tseax fi'nayim	לְצַחְצֵחַ שִׁנַּיִים
tandenborstel (de)	miv'refet fi'nayim	מִבְרֶשֶׁת שִׁנַּיִים (נ)
zich scheren (ww)	lehitga'leax	לְהִתְגַּלֵּחַ
scheercrème (de)	'ketsef gi'luax	קֶצֶף גִּילּוּחַ (ז)
scheermes (het)	'ta'ar	תַּעַר (ז)
wassen (ww)	liftof	לִשְׁטוֹף
een bad nemen	lehitraxets	לְהִתְרַחֵץ
douche (de)	mik'laxat	מִקְלַחַת (נ)
een douche nemen	lehitka'leax	לְהִתְקַלֵּחַ
bad (het)	am'batya	אַמְבַּטְיָה (נ)
toiletpot (de)	asla	אַסְלָה (נ)

wastafel (de)	kiyor	כִּיוֹר (ז)
zeep (de)	sabon	סַבּוֹן (ז)
zeepbakje (het)	saboniya	סַבּוֹנִיָּה (נ)

spons (de)	sfog 'lifa	סְפוֹג לִיפָה (ז)
shampoo (de)	ʃampu	שַׁמְפּוּ (ז)
handdoek (de)	ma'gevet	מַגֶּבֶת (נ)
badjas (de)	χaluk raχatsa	חָלוּק רַחְצָה (ז)

was (bijv. handwas)	kvisa	כְּבִיסָה (נ)
wasmachine (de)	meχonat kvisa	מְכוֹנַת כְּבִיסָה (נ)
de was doen	leχabes	לְכַבֵּס
waspoeder (de)	avkat kvisa	אַבְקַת כְּבִיסָה (נ)

73. Huishoudelijke apparaten

televisie (de)	tele'vizya	טֶלֶוִיזְיָה (נ)
cassettespeler (de)	teip	טֵייפּ (ז)
videorecorder (de)	maχʃir 'vide'o	מַכְשִׁיר וִידָאוֹ (ז)
radio (de)	'radyo	רַדְיוֹ (ז)
speler (de)	nagan	נַגָּן (ז)

videoprojector (de)	makren	מַקְרֵן (ז)
home theater systeem (het)	kol'no'a beiti	קוֹלְנוֹעַ בֵּיתִי (ז)
DVD-speler (de)	nagan dividi	נַגָּן DVD (ז)
versterker (de)	magber	מַגְבֵּר (ז)
spelconsole (de)	maχʃir plei'steiʃen	מַכְשִׁיר פְּלֵייסְטֵיישֶׁן (ז)

videocamera (de)	matslemat 'vide'o	מַצְלֵמַת וִידָאוֹ (נ)
fotocamera (de)	matslema	מַצְלֵמָה (נ)
digitale camera (de)	matslema digi'talit	מַצְלֵמָה דִּיגִיטָלִית (נ)

stofzuiger (de)	ʃo'ev avak	שׁוֹאֵב אָבָק (ז)
strijkijzer (het)	maghets	מַגְהֵץ (ז)
strijkplank (de)	'kereʃ gihuts	קֶרֶשׁ גִּיהוּץ (ז)

telefoon (de)	'telefon	טֶלֶפוֹן (ז)
mobieltje (het)	'telefon nayad	טֶלֶפוֹן נַיָּיד (ז)
schrijfmachine (de)	meχonat ktiva	מְכוֹנַת כְּתִיבָה (נ)
naaimachine (de)	meχonat tfira	מְכוֹנַת תְּפִירָה (נ)

microfoon (de)	mikrofon	מִיקְרוֹפוֹן (ז)
koptelefoon (de)	ozniyot	אוֹזְנִיּוֹת (נ"ר)
afstandsbediening (de)	'ʃelet	שֶׁלֶט (ז)

CD (de)	taklitor	תַקְלִיטוֹר (ז)
cassette (de)	ka'letet	קַלֶּטֶת (נ)
vinylplaat (de)	taklit	תַקְלִיט (ז)

DE AARDE. WEER

74. De kosmische ruimte

kosmos (de)	χalal	חָלָל (ז)
kosmisch (bn)	ʃel χalal	שֶׁל חָלָל
kosmische ruimte (de)	χalal χitson	חָלָל חִיצוֹן (ז)
wereld (de)	olam	עוֹלָם (ז)
heelal (het)	yekum	יְקוּם (ז)
sterrenstelsel (het)	ga'laksya	גָלַקְסְיָה (נ)
ster (de)	koχav	כּוֹכָב (ז)
sterrenbeeld (het)	tsvir koχavim	צְבִיר כּוֹכָבִים (ז)
planeet (de)	koχav 'leχet	כּוֹכָב לֶכֶת (ז)
satelliet (de)	lavyan	לַוְיָן (ז)
meteoriet (de)	mete'orit	מֶטֶאוֹרִיט (ז)
komeet (de)	koχav ʃavit	כּוֹכָב שָׁבִיט (ז)
asteroïde (de)	aste'ro'id	אַסְטֶרוֹאִיד (ז)
baan (de)	maslul	מַסְלוּל (ז)
draaien (om de zon, enz.)	lesovev	לְסוֹבֵב
atmosfeer (de)	atmos'fera	אַטְמוֹסְפֵרָה (נ)
Zon (de)	'ʃemeʃ	שֶׁמֶשׁ (נ)
zonnestelsel (het)	ma'a'reχet ha'ʃemeʃ	מַעֲרֶכֶת הַשֶּׁמֶשׁ (נ)
zonsverduistering (de)	likui χama	לִיקוּי חַמָה (ז)
Aarde (de)	kadur ha''arets	כַּדוּר הָאָרֶץ (ז)
Maan (de)	ya'reaχ	יָרֵחַ (ז)
Mars (de)	ma'adim	מַאֲדִים (ז)
Venus (de)	'noga	נוֹגַה (ז)
Jupiter (de)	'tsedek	צֶדֶק (ז)
Saturnus (de)	ʃabtai	שַׁבְּתַאי (ז)
Mercurius (de)	koχav χama	כּוֹכָב חַמָה (ז)
Uranus (de)	u'ranus	אוּרָנוּס (ז)
Neptunus (de)	neptun	נֶפְטוּן (ז)
Pluto (de)	'pluto	פְּלוּטוֹ (ז)
Melkweg (de)	ʃvil haχalav	שְׁבִיל הֶחָלָב (ז)
Grote Beer (de)	duba gdola	דוּבָּה גְדוֹלָה (נ)
Poolster (de)	koχav hatsafon	כּוֹכָב הַצָפוֹן (ז)
marsmannetje (het)	toʃav ma'adim	תוֹשַׁב מַאֲדִים (ז)
buitenaards wezen (het)	χutsan	חוּצָן (ז)
bovenaards (het)	χaizar	חַייְזָר (ז)
vliegende schotel (de)	tsa'laχat me'o'fefet	צַלַחַת מְעוֹפֶפֶת (נ)
ruimtevaartuig (het)	χalalit	חֲלָלִית (נ)

ruimtestation (het)	taχanat χalal	תַּחֲנַת חָלָל (נ)
start (de)	hamra'a	הַמְרָאָה (נ)
motor (de)	ma'no'a	מָנוֹעַ (ז)
straalpijp (de)	neχir	נְחִיר (ז)
brandstof (de)	'delek	דֶּלֶק (ז)
cabine (de)	'kokpit	קוֹקְפִּיט (ז)
antenne (de)	an'tena	אַנְטֶנָה (נ)
patrijspoort (de)	eʃnav	אֶשְׁנָב (ז)
zonnebatterij (de)	'luaχ so'lari	לוּחַ סוֹלָרִי (ז)
ruimtepak (het)	χalifat χalal	חֲלִיפַת חָלָל (נ)
gewichtloosheid (de)	'χoser miʃkal	חוֹסֶר מִשְׁקָל (ז)
zuurstof (de)	χamtsan	חַמְצָן (ז)
koppeling (de)	agina	עֲגִינָה (נ)
koppeling maken	la'agon	לַעֲגוֹן
observatorium (het)	mitspe koχavim	מִצְפֵּה כּוֹכָבִים (ז)
telescoop (de)	teleskop	טֶלֶסְקוֹפּ (ז)
waarnemen (ww)	liʦpot, lehaʃkif	לִצְפּוֹת, לְהַשְׁקִיף
exploreren (ww)	laχkor	לַחְקוֹר

75. De Aarde

Aarde (de)	kadur ha''arets	כַּדּוּר הָאָרֶץ (ז)
aardbol (de)	kadur ha''arets	כַּדּוּר הָאָרֶץ (ז)
planeet (de)	koχav 'leχet	כּוֹכָב לֶכֶת (ז)
atmosfeer (de)	atmos'fera	אַטְמוֹסְפֶרָה (נ)
aardrijkskunde (de)	ge'o'grafya	גֵּיאוֹגְרַפְיָה (נ)
natuur (de)	'teva	טֶבַע (ז)
wereldbol (de)	'globus	גלוֹבּוּס (ז)
kaart (de)	mapa	מַפָּה (נ)
atlas (de)	'atlas	אַטְלָס (ז)
Europa (het)	ei'ropa	אֵירוֹפָּה (נ)
Azië (het)	'asya	אַסְיָה (נ)
Afrika (het)	'afrika	אַפְרִיקָה (נ)
Australië (het)	ost'ralya	אוֹסְטְרַלְיָה (נ)
Amerika (het)	a'merika	אָמֶרִיקָה (נ)
Noord-Amerika (het)	a'merika haʦfonit	אָמֶרִיקָה הַצְּפוֹנִית (נ)
Zuid-Amerika (het)	a'merika hadromit	אָמֶרִיקָה הַדְּרוֹמִית (נ)
Antarctica (het)	ya'beʃet an'tarktika	יַבֶּשֶׁת אַנְטַרְקְטִיקָה (נ)
Arctis (de)	'arktika	אַרְקְטִיקָה (נ)

76. Windrichtingen

noorden (het)	ʦafon	צָפוֹן (ז)
naar het noorden	ʦa'fona	צָפוֹנָה

| in het noorden | batsafon | בַּצָפוֹן |
| noordelijk (bn) | tsfoni | צְפוֹנִי |

zuiden (het)	darom	דָרוֹם (ז)
naar het zuiden	da'roma	דָרוֹמָה
in het zuiden	badarom	בַּדָרוֹם
zuidelijk (bn)	dromi	דְרוֹמִי

westen (het)	ma'arav	מַעֲרָב (ז)
naar het westen	ma'a'rava	מַעֲרָבָה
in het westen	bama'arav	בַּמַעֲרָב
westelijk (bn)	ma'aravi	מַעֲרָבִי

oosten (het)	mizraχ	מִזְרָח (ז)
naar het oosten	miz'raχa	מִזְרָחָה
in het oosten	bamizraχ	בַּמִזְרָח
oostelijk (bn)	mizraχi	מִזְרָחִי

77. Zee. Oceaan

zee (de)	yam	יָם (ז)
oceaan (de)	ok'yanos	אוֹקְיָאנוֹס (ז)
golf (baai)	mifrats	מִפְרָץ (ז)
straat (de)	meitsar	מֵיצַר (ז)

grond (vaste grond)	yabaʃa	יַבָּשָׁה (נ)
continent (het)	ya'beʃet	יַבָּשֶׁת (נ)
eiland (het)	i	אִי (ז)
schiereiland (het)	χatsi i	חֲצִי אִי (ז)
archipel (de)	arχipelag	אַרְכִיפֶּלָג (ז)

baai, bocht (de)	mifrats	מִפְרָץ (ז)
haven (de)	namal	נָמָל (ז)
lagune (de)	la'guna	לָגוּנָה (נ)
kaap (de)	kef	כֵּף (ז)

atol (de)	atol	אָטוֹל (ז)
rif (het)	ʃunit	שׁוּנִית (נ)
koraal (het)	almog	אַלְמוֹג (ז)
koraalrif (het)	ʃunit almogim	שׁוּנִית אַלְמוֹגִים (נ)

diep (bn)	amok	עָמוֹק
diepte (de)	'omek	עוֹמֶק (ז)
diepzee (de)	tehom	תְהוֹם (נ)
trog (bijv. Marianentrog)	maχteʃ	מַכְתֵּשׁ (ז)

| stroming (de) | 'zerem | זֶרֶם (ז) |
| omspoelen (ww) | lehakif | לְהַקִיף |

| oever (de) | χof | חוֹף (ז) |
| kust (de) | χof yam | חוֹף יָם (ז) |

| vloed (de) | ge'ut | גֵּאוּת (נ) |
| eb (de) | 'ʃefel | שֵׁפֶל (ז) |

ondiepte (ondiep water)	sirton	שִׂרְטוֹן (ז)
bodem (de)	karka'it	קַרְקָעִית (נ)
golf (hoge ~)	gal	גַּל (ז)
golfkam (de)	pisgat hagal	פִּסְגַּת גַּל (נ)
schuim (het)	'ketsef	קֶצֶף (ז)
storm (de)	sufa	סוּפָה (נ)
orkaan (de)	hurikan	הוּרִיקָן (ז)
tsunami (de)	tsu'nami	צוּנָאמִי (ז)
windstilte (de)	'roga	רוֹגַע (ז)
kalm (bijv. ~e zee)	ʃalev	שָׁלֵו
pool (de)	'kotev	קוֹטֶב (ז)
polair (bn)	kotbi	קוֹטְבִּי
breedtegraad (de)	kav 'roχav	קַו רוֹחַב (ז)
lengtegraad (de)	kav 'oreχ	קַו אוֹרֶךְ (ז)
parallel (de)	kav 'roχav	קַו רוֹחַב (ז)
evenaar (de)	kav hamaʃve	קַו הַמַשְׁוֶה (ז)
hemel (de)	ʃa'mayim	שָׁמַיִם (ז"ר)
horizon (de)	'ofek	אוֹפֶק (ז)
lucht (de)	avir	אֲוִיר (ז)
vuurtoren (de)	migdalor	מִגְדַּלוֹר (ז)
duiken (ww)	litslol	לִצְלוֹל
zinken (ov. een boot)	lit'bo‘a	לִטְבּוֹעַ
schatten (mv.)	otsarot	אוֹצָרוֹת (ז"ר)

78. Namen van zeeën en oceanen

Atlantische Oceaan (de)	ha'ok'yanus ha'at'lanti	הָאוֹקְיָינוֹס הָאַטְלַנְטִי (ז)
Indische Oceaan (de)	ha'ok'yanus ha'hodi	הָאוֹקְיָינוֹס הַהוֹדִי (ז)
Stille Oceaan (de)	ha'ok'yanus haʃaket	הָאוֹקְיָינוֹס הַשָׁקֵט (ז)
Noordelijke IJszee (de)	ok'yanos ha'keraχ hatsfoni	אוֹקְיָינוֹס הַקֶּרַח הַצְּפוֹנִי (ז)
Zwarte Zee (de)	hayam haʃaχor	הַיָּם הַשָּׁחוֹר (ז)
Rode Zee (de)	yam suf	יַם סוּף (ז)
Gele Zee (de)	hayam hatsahov	הַיָּם הַצָּהוֹב (ז)
Witte Zee (de)	hayam halavan	הַיָּם הַלָּבָן (ז)
Kaspische Zee (de)	hayam ha'kaspi	הַיָּם הַכַּסְפִּי (ז)
Dode Zee (de)	yam ha'melaχ	יַם הַמֶּלַח (ז)
Middellandse Zee (de)	hayam hatiχon	הַיָּם הַתִּיכוֹן (ז)
Egeïsche Zee (de)	hayam ha'e'ge'i	הַיָּם הָאֶגֵאִי (ז)
Adriatische Zee (de)	hayam ha'adri'yati	הַיָּם הָאַדְרִיָאתִי (ז)
Arabische Zee (de)	hayam ha'aravi	הַיָּם הָעֲרָבִי (ז)
Japanse Zee (de)	hayam haya'pani	הַיָּם הַיָּפָנִי (ז)
Beringzee (de)	yam 'bering	יַם בֶּרִינְג (ז)
Zuid-Chinese Zee (de)	yam sin hadromi	יַם סִין הַדְּרוֹמִי (ז)
Koraalzee (de)	yam ha'almogim	יַם הָאַלְמוֹגִים (ז)

Tasmanzee (de)	yam tasman	יָם טַסמָן (ז)
Caribische Zee (de)	hayam haka'ribi	הַיָם הַקָרִיבִּי (ז)
Barentszzee (de)	yam 'barents	ים בָּרֶנץ (ז)
Karische Zee (de)	yam 'kara	יַם קָאַרָה (ז)
Noordzee (de)	hayam hatsfoni	הַיָם הַצְפוֹנִי (ז)
Baltische Zee (de)	hayam ha'balti	הַיָם הַבַּלטִי (ז)
Noorse Zee (de)	hayam hanor'vegi	הַיָם הַנוֹרבֶגִי (ז)

79. Bergen

berg (de)	har	הַר (ז)
bergketen (de)	'reχes harim	רֶכֶס הָרִים (ז)
gebergte (het)	'reχes har	רֶכֶס הַר (ז)
bergtop (de)	pisga	פִּסגָה (נ)
bergpiek (de)	pisga	פִּסגָה (נ)
voet (ov. de berg)	margelot	מַרגְלוֹת (נ״ר)
helling (de)	midron	מִדרוֹן (ז)
vulkaan (de)	har 'ga'aʃ	הַר גַעַש (ז)
actieve vulkaan (de)	har 'ga'aʃ pa'il	הַר גַעַש פָּעִיל (ז)
uitgedoofde vulkaan (de)	har 'ga'aʃ radum	הַר גַעַש רָדוּם (ז)
uitbarsting (de)	hitpartsut	הִתפָּרצוּת (נ)
krater (de)	lo'a	לוֹעַ (ז)
magma (het)	megama	מֶגָמָה (נ)
lava (de)	'lava	לָאבָה (נ)
gloeiend (~e lava)	lohet	לוֹהֵט
kloof (canyon)	kanyon	קַניוֹן (ז)
bergkloof (de)	gai	גַיא (ז)
spleet (de)	'beka	בֶּקַע (ז)
afgrond (de)	tehom	תְהוֹם (נ)
bergpas (de)	ma'avar harim	מַעֲבַר הָרִים (ז)
plateau (het)	rama	רָמָה (נ)
klip (de)	tsuk	צוּק (ז)
heuvel (de)	giv'a	גִבעָה (נ)
gletsjer (de)	karχon	קַרחוֹן (ז)
waterval (de)	mapal 'mayim	מַפַּל מַיִם (ז)
geiser (de)	'geizer	גֵייזֶר (ז)
meer (het)	agam	אֲגַם (ז)
vlakte (de)	miʃor	מִישוֹר (ז)
landschap (het)	nof	נוֹף (ז)
echo (de)	hed	הֵד (ז)
alpinist (de)	metapes harim	מְטַפֵּס הָרִים (ז)
bergbeklimmer (de)	metapes sla'im	מְטַפֵּס סְלָעִים (ז)
trotseren (berg ~)	liχboʃ	לִכבּוֹש
beklimming (de)	tipus	טִיפּוּס (ז)

80. Bergen namen

Alpen (de)	harei ha''alpim	הָרֵי הָאֶלְפִּים (ז"ר)
Mont Blanc (de)	mon blan	מוֹן בְּלָאן (ז)
Pyreneeën (de)	pire'ne'im	פִּירֶנָאִים (ז"ר)

Karpaten (de)	kar'patim	קַרְפָּטִים (ז"ר)
Oeralgebergte (het)	harei ural	הָרֵי אוּרָל (ז"ר)
Kaukasus (de)	harei hakavkaz	הָרֵי הַקַּוְוקָז (ז"ר)
Elbroes (de)	elbrus	אֶלְבְּרוֹס (ז)

Altaj (de)	harei altai	הָרֵי אַלְטַאי (ז"ר)
Tiensjan (de)	tyan ʃan	טִיאָן שָׁאן (ז)
Pamir (de)	harei pamir	הָרֵי פָּאמִיר (ז"ר)
Himalaya (de)	harei hehima'laya	הָרֵי הַהִימָלָאיָה (ז"ר)
Everest (de)	everest	אֶוֶורֶסְט (ז)

| Andes (de) | harei ha''andim | הָרֵי הָאֶנְדִים (ז"ר) |
| Kilimanjaro (de) | kiliman'dʒaro | קִילִימַנְגַ'רוֹ (ז) |

81. Rivieren

rivier (de)	nahar	נָהָר (ז)
bron (~ van een rivier)	ma'ayan	מַעֲיָן (ז)
rivierbedding (de)	afik	אָפִיק (ז)
rivierbekken (het)	agan nahar	אַגַּן נָהָר (ז)
uitmonden in ...	lehiʃapeχ	לְהִישָׁפֵּךְ

| zijrivier (de) | yuval | יוֹבַל (ז) |
| oever (de) | χof | חוֹף (ז) |

stroming (de)	'zerem	זֶרֶם (ז)
stroomafwaarts (bw)	bemorad hanahar	בְּמוֹרַד הַנָּהָר
stroomopwaarts (bw)	bema'ale hanahar	בְּמַעֲלֵה הַזֶּרֶם

overstroming (de)	hatsafa	הֲצָפָה (נ)
overstroming (de)	ʃitafon	שִׁיטָפוֹן (ז)
buiten zijn oevers treden	la'alot al gdotav	לַעֲלוֹת עַל גְדוֹתָיו
overstromen (ww)	lehatsif	לְהָצִיף

| zandbank (de) | sirton | שִׂרְטוֹן (ז) |
| stroomversnelling (de) | 'eʃed | אֶשֶׁד (ז) |

dam (de)	'seχer	סֶכֶר (ז)
kanaal (het)	te'ala	תְּעָלָה (נ)
spaarbekken (het)	ma'agar 'mayim	מַאֲגַר מַיִם (ז)
sluis (de)	ta 'ʃayit	תָּא שַׁיִט (ז)

waterlichaam (het)	ma'agar 'mayim	מַאֲגַר מַיִם (ז)
moeras (het)	bitsa	בִּיצָה (נ)
broek (het)	bitsa	בִּיצָה (נ)
draaikolk (de)	me'ar'bolet	מְעַרְבּוֹלֶת (נ)
stroom (de)	'naχal	נַחַל (ז)

| drink- (abn) | ʃel ʃtiya | שֶׁל שְׁתִיָּה |
| zoet (~ water) | metukim | מְתוּקִים |

| IJs (het) | 'keraχ | קֶרַח (ז) |
| bevriezen (rivier, enz.) | likpo | לִקְפּוֹא |

82. Namen van rivieren

| Seine (de) | hasen | הַסֶּן (ז) |
| Loire (de) | lu'ar | לוּאָר (ז) |

Theems (de)	'temza	תֶמְזָה (ז)
Rijn (de)	hrain	הָרַיִן (ז)
Donau (de)	da'nuba	דָנוּבָּה (ז)

Wolga (de)	'volga	וֹלְגָה (ז)
Don (de)	nahar don	נְהַר דּוֹן (ז)
Lena (de)	'lena	לֶנָה (ז)

Gele Rivier (de)	hvang ho	הוּוַנְג הוֹ (ז)
Blauwe Rivier (de)	yangtse	יַאנְגְצֶה (ז)
Mekong (de)	mekong	מֶקוֹנְג (ז)
Ganges (de)	'ganges	גַנְגֶס (ז)

Nijl (de)	'nilus	נִילוּס (ז)
Kongo (de)	'kongo	קוֹנְגוֹ (ז)
Okavango (de)	ok'vango	אוֹקָבַנְגוֹ (ז)
Zambezi (de)	zam'bezi	זַמְבֵּזִי (ז)
Limpopo (de)	limpopo	לִימְפּוֹפוֹ (ז)
Mississippi (de)	misi'sipi	מִיסִיסִיפִּי (ז)

83. Bos

| bos (het) | 'ya'ar | יַעַר (ז) |
| bos- (abn) | ʃel 'ya'ar | שֶׁל יַעַר |

oerwoud (dicht bos)	avi ha'ya'ar	עֳבִי הַיַּעַר (ז)
bosje (klein bos)	χurʃa	חוֹרְשָׁה (נ)
open plek (de)	ka'raχat 'ya'ar	קָרַחַת יַעַר (נ)

| struikgewas (het) | svaχ | סְבַךְ (ז) |
| struiken (mv.) | 'siaχ | שִׂיחַ (ז) |

| paadje (het) | ʃvil | שְׁבִיל (ז) |
| ravijn (het) | 'emek tsar | עֵמֶק צַר (ז) |

boom (de)	ets	עֵץ (ז)
blad (het)	ale	עָלֶה (ז)
gebladerte (het)	alva	עַלְוָה (נ)

| vallende bladeren (mv.) | ʃa'leχet | שַׁלֶכֶת (נ) |
| vallen (ov. de bladeren) | linʃor | לִנְשׁוֹר |

boomtop (de)	tsa'meret	צַמֶּרֶת (נ)
tak (de)	anaf	עָנָף (ז)
ent (de)	anaf ave	עָנָף עָבֶה (ז)
knop (de)	nitsan	נִיצָן (ז)
naald (de)	'maxat	מַחַט (נ)
dennenappel (de)	itstrubal	אִצְטְרוּבָּל (ז)

boom holte (de)	xor ba'ets	חוֹר בָּעֵץ (ז)
nest (het)	ken	קֵן (ז)
hol (het)	mexila	מְחִילָה (נ)

stam (de)	'geza	גֶּזַע (ז)
wortel (bijv. boom~s)	'ʃoreʃ	שׁוֹרֶשׁ (ז)
schors (de)	klipa	קְלִיפָּה (נ)
mos (het)	taxav	טַחַב (ז)

ontwortelen (een boom)	la'akor	לַעֲקוֹר
kappen (een boom ~)	lixrot	לִכְרוֹת
ontbossen (ww)	levare	לְבָרֵא
stronk (de)	'gedem	גֶּדֶם (ז)

kampvuur (het)	medura	מְדוּרָה (נ)
bosbrand (de)	srefa	שְׂרֵיפָה (נ)
blussen (ww)	lexabot	לְכַבּוֹת

boswachter (de)	ʃomer 'ya'ar	שׁוֹמֵר יַעַר (ז)
bescherming (de)	ʃmira	שְׁמִירָה (נ)
beschermen (bijv. de natuur ~)	liʃmor	לִשְׁמוֹר
stroper (de)	tsayad lelo reʃut	צַיָּד לְלֹא רְשׁוּת (ז)
val (de)	mal'kodet	מַלְכּוֹדֶת (נ)

plukken (vruchten, enz.)	lelaket	לְלַקֵּט
verdwalen (de weg kwijt zijn)	lit'ot	לִתְעוֹת

84. Natuurlijke hulpbronnen

natuurlijke rijkdommen (mv.)	otsarot 'teva	אוֹצְרוֹת טֶבַע (ז"ר)
delfstoffen (mv.)	mine'ralim	מִינֶרָלִים (ז"ר)
lagen (mv.)	mirbats	מִרְבָּץ (ז)
veld (bijv. olie~)	mirbats	מִרְבָּץ (ז)

winnen (uit erts ~)	lixrot	לִכְרוֹת
winning (de)	kriya	כְּרִיָּה (נ)
erts (het)	afra	עַפְרָה (נ)
mijn (bijv. kolenmijn)	mixre	מִכְרֶה (ז)
mijnschacht (de)	pir	פִּיר (ז)
mijnwerker (de)	kore	כּוֹרֶה (ז)

gas (het)	gaz	גַּז (ז)
gasleiding (de)	tsinor gaz	צִינּוֹר גַּז (ז)

olie (aardolie)	neft	נֵפְט (ז)
olieleiding (de)	tsinor neft	צִינּוֹר נֵפְט (ז)

oliebron (de)	be'er neft	בְּאֵר נֵפְט (ז)
boortoren (de)	migdal ki'duax	מִגְדַל קִידוּחַ (ז)
tanker (de)	mexalit	מֵיכָלִית (נ)
zand (het)	xol	חוֹל (ז)
kalksteen (de)	'even gir	אֶבֶן גִיר (נ)
grind (het)	xatsats	חָצָץ (ז)
veen (het)	kavul	כָּבוּל (ז)
klei (de)	tit	טִיט (ז)
steenkool (de)	pexam	פֶּחָם (ז)
IJzer (het)	barzel	בַּרְזֶל (ז)
goud (het)	zahav	זָהָב (ז)
zilver (het)	'kesef	כֶּסֶף (ז)
nikkel (het)	'nikel	נִיקֶל (ז)
koper (het)	ne'xoʃet	נְחוֹשֶׁת (נ)
zink (het)	avats	אָבָץ (ז)
mangaan (het)	mangan	מַנְגָן (ז)
kwik (het)	kaspit	כַּסְפִּית (נ)
lood (het)	o'feret	עוֹפֶרֶת (נ)
mineraal (het)	mineral	מִינֶרָל (ז)
kristal (het)	gaviʃ	גָבִישׁ (ז)
marmer (het)	ʃayiʃ	שַׁיִשׁ (ז)
uraan (het)	u'ranyum	אוּרָנְיוּם (ז)

85. Weer

weer (het)	'mezeg avir	מֶזֶג אֲוִויר (ז)
weersvoorspelling (de)	taxazit 'mezeg ha'avir	תַּחֲזִית מֶזֶג הָאֲוִויר (נ)
temperatuur (de)	tempera'tura	טֶמְפֵּרָטוּרָה (נ)
thermometer (de)	madxom	מַדְחוֹם (ז)
barometer (de)	ba'rometer	בָּרוֹמֶטֶר (ז)
vochtig (bn)	lax	לַח
vochtigheid (de)	laxut	לַחוּת (נ)
hitte (de)	xom	חוֹם (ז)
heet (bn)	xam	חַם
het is heet	xam	חַם
het is warm	xamim	חָמִים
warm (bn)	xamim	חָמִים
het is koud	kar	קַר
koud (bn)	kar	קַר
zon (de)	ʃemeʃ	שֶׁמֶשׁ (נ)
schijnen (de zon)	lizhor	לִזְהוֹר
zonnig (~e dag)	ʃimʃi	שִׁמְשִׁי
opgaan (ov. de zon)	liz'roax	לִזְרוֹחַ
ondergaan (ww)	liʃko'a	לִשְׁקוֹעַ
wolk (de)	anan	עָנָן (ז)
bewolkt (bn)	me'unan	מְעוּנָן

| regenwolk (de) | av | עָב (ז) |
| somber (bn) | sagriri | סַגְרִירִי |

regen (de)	'geʃem	גֶּשֶׁם (ז)
het regent	yored 'geʃem	יוֹרֵד גֶּשֶׁם
regenachtig (bn)	gaʃum	גָּשׁוּם
motregenen (ww)	letaftef	לְטַפְטֵף

plensbui (de)	matar	מָטָר (ז)
stortbui (de)	mabul	מַבּוּל (ז)
hard (bn)	χazak	חָזָק
plas (de)	ʃlulit	שְׁלוּלִית (נ)
nat worden (ww)	lehitratev	לְהִתְרַטֵּב

mist (de)	arapel	עֲרָפֶל (ז)
mistig (bn)	me'urpal	מְעוּרְפָּל
sneeuw (de)	'ʃeleg	שֶׁלֶג (ז)
het sneeuwt	yored 'ʃeleg	יוֹרֵד שֶׁלֶג

86. Zwaar weer. Natuurrampen

noodweer (storm)	sufat re'amim	סוּפַת רְעָמִים (נ)
bliksem (de)	barak	בָּרָק (ז)
flitsen (ww)	livhok	לִבְהוֹק

donder (de)	'ra'am	רַעַם (ז)
donderen (ww)	lir'om	לִרְעוֹם
het dondert	lir'om	לִרְעוֹם

| hagel (de) | barad | בָּרָד (ז) |
| het hagelt | yored barad | יוֹרֵד בָּרָד |

| overstromen (ww) | lehatsif | לְהָצִיף |
| overstroming (de) | ʃitafon | שִׁיטָפוֹן (ז) |

aardbeving (de)	re'idat adama	רְעִידַת אֲדָמָה (נ)
aardschok (de)	re'ida	רְעִידָה (נ)
epicentrum (het)	moked	מוֹקֵד (ז)

| uitbarsting (de) | hitpartsut | הִתְפָּרְצוּת (נ) |
| lava (de) | 'lava | לָאבָה (נ) |

wervelwind (de)	hurikan	הוֹרִיקָן (ז)
windhoos (de)	tor'nado	טוֹרְנָדוֹ (ז)
tyfoon (de)	taifun	טַייפוּן (ז)

orkaan (de)	hurikan	הוֹרִיקָן (ז)
storm (de)	sufa	סוּפָה (נ)
tsunami (de)	tsu'nami	צוּנָאמִי (ז)

cycloon (de)	tsiklon	צִיקְלוֹן (ז)
onweer (het)	sagrir	סַגְרִיר (ז)
brand (de)	srefa	שְׂרֵיפָה (נ)
ramp (de)	ason	אָסוֹן (ז)

meteoriet (de)	mete'orit	מֶטֶאוֹרִיט (ז)
lawine (de)	ma'polet ʃlagim	מַפּוֹלֶת שְׁלָגִים (נ)
sneeuwverschuiving (de)	ma'polet ʃlagim	מַפּוֹלֶת שְׁלָגִים (נ)
sneeuwjacht (de)	sufat ʃlagim	סוּפַת שְׁלָגִים (נ)
sneeuwstorm (de)	sufat ʃlagim	סוּפַת שְׁלָגִים (נ)

FAUNA

87. Zoogdieren. Roofdieren

roofdier (het)	xayat 'teref	חַיַּת טֶרֶף (נ)
tijger (de)	'tigris	טִיגְרִיס (ז)
leeuw (de)	arye	אַרְיֵה (ז)
wolf (de)	ze'ev	זְאֵב (ז)
vos (de)	ʃu'al	שׁוּעָל (ז)
jaguar (de)	yagu'ar	יָגוּאָר (ז)
luipaard (de)	namer	נָמֵר (ז)
jachtluipaard (de)	bardelas	בַּרְדְּלָס (ז)
panter (de)	panter	פַּנְתֵּר (ז)
poema (de)	'puma	פּוּמָה (נ)
sneeuwluipaard (de)	namer 'ʃeleg	נָמֵר שֶׁלֶג (ז)
lynx (de)	ʃunar	שׁוּנָר (ז)
coyote (de)	ze'ev ha'aravot	זְאֵב הָעֲרָבוֹת (ז)
jakhals (de)	tan	תַּן (ז)
hyena (de)	tsa'vo'a	צָבוֹעַ (ז)

88. Wilde dieren

dier (het)	'ba'al xayim	בַּעַל חַיִּים (ז)
beest (het)	xaya	חַיָּה (נ)
eekhoorn (de)	sna'i	סְנָאִי (ז)
egel (de)	kipod	קִיפּוֹד (ז)
haas (de)	arnav	אַרְנָב (ז)
konijn (het)	ʃafan	שָׁפָן (ז)
das (de)	girit	גִּירִית (נ)
wasbeer (de)	dvivon	דְּבִיבוֹן (ז)
hamster (de)	oger	אוֹגֵר (ז)
marmot (de)	mar'mita	מַרְמִיטָה (נ)
mol (de)	xafar'peret	חֲפַרְפֶּרֶת (נ)
muis (de)	axbar	עַכְבָּר (ז)
rat (de)	xulda	חוּלְדָּה (נ)
vleermuis (de)	atalef	עֲטַלֵּף (ז)
hermelijn (de)	hermin	הֶרְמִין (ז)
sabeldier (het)	tsobel	צוֹבֶּל (ז)
marter (de)	dalak	דָּלָק (ז)
wezel (de)	xamus	חָמוֹס (ז)
nerts (de)	xorfan	חוֹרְפָן (ז)

bever (de)	bone	בּוֹנֶה (ז)
otter (de)	lutra	לוּטְרָה (נ)
paard (het)	sus	סוּס (ז)
eland (de)	ayal hakore	אַיָּל הַקּוֹרֵא (ז)
hert (het)	ayal	אַיָּל (ז)
kameel (de)	gamal	גָּמָל (ז)
bizon (de)	bizon	בִּיזוֹן (ז)
oeros (de)	bizon ei'ropi	בִּיזוֹן אֵירוֹפִּי (ז)
buffel (de)	te'o	תְּאוֹ (ז)
zebra (de)	'zebra	זֶבְּרָה (נ)
antilope (de)	anti'lopa	אַנְטִילוֹפָּה (נ)
ree (de)	ayal hakarmel	אַיָּל הַכַּרְמֶל (ז)
damhert (het)	yaχmur	יַחְמוּר (ז)
gems (de)	ya'el	יָעֵל (ז)
everzwijn (het)	χazir bar	חֲזִיר בָּר (ז)
walvis (de)	livyatan	לִוְיָתָן (ז)
rob (de)	'kelev yam	כֶּלֶב יָם (ז)
walrus (de)	sus yam	סוּס יָם (ז)
zeehond (de)	dov yam	דֹּב יָם (ז)
dolfijn (de)	dolfin	דּוֹלְפִין (ז)
beer (de)	dov	דֹּב (ז)
IJsbeer (de)	dov 'kotev	דֹּב קוֹטֶב (ז)
panda (de)	'panda	פַּנְדָּה (נ)
aap (de)	kof	קוֹף (ז)
chimpansee (de)	ʃimpanze	שִׁימְפַּנְזָה (נ)
orang-oetan (de)	orang utan	אוֹרַנְג-אוּטָן (ז)
gorilla (de)	go'rila	גּוֹרִילָה (נ)
makaak (de)	makak	מָקָק (ז)
gibbon (de)	gibon	גִּיבּוֹן (ז)
olifant (de)	pil	פִּיל (ז)
neushoorn (de)	karnaf	קַרְנַף (ז)
giraffe (de)	dʒi'rafa	גִ׳ירָפָּה (נ)
nijlpaard (het)	hipopotam	הִיפּוֹפּוֹטָם (ז)
kangoeroe (de)	'kenguru	קֶנְגּוּרוּ (ז)
koala (de)	ko''ala	קוֹאָלָה (ז)
mangoest (de)	nemiya	נְמִיָּה (נ)
chinchilla (de)	tʃin'tʃila	צִ׳ינְצִ׳ילָה (נ)
stinkdier (het)	bo'eʃ	בּוֹאֵשׁ (ז)
stekelvarken (het)	darban	דַּרְבָּן (ז)

89. Huisdieren

poes (de)	χatula	חֲתוּלָה (נ)
kater (de)	χatul	חָתוּל (ז)
hond (de)	'kelev	כֶּלֶב (ז)

paard (het)	sus	סוס (ז)
hengst (de)	sus harba'a	סוס הַרְבָּעָה (ז)
merrie (de)	susa	סוּסָה (נ)

koe (de)	para	פָּרָה (נ)
stier (de)	ʃor	שׁוֹר (ז)
os (de)	ʃor	שׁוֹר (ז)

schaap (het)	kivsa	כִּבְשָׂה (נ)
ram (de)	'ayil	אַיִל (ז)
geit (de)	ez	עֵז (נ)
bok (de)	'tayiʃ	תַּיִשׁ (ז)

| ezel (de) | χamor | חֲמוֹר (ז) |
| muilezel (de) | 'pered | פֶּרֶד (ז) |

varken (het)	χazir	חֲזִיר (ז)
biggetje (het)	χazarzir	חֲזַרְזִיר (ז)
konijn (het)	arnav	אַרְנָב (ז)

| kip (de) | tarne'golet | תַּרְנְגוֹלֶת (נ) |
| haan (de) | tarnegol | תַּרְנְגוֹל (ז) |

eend (de)	barvaz	בַּרְוָז (ז)
woerd (de)	barvaz	בַּרְוָז (ז)
gans (de)	avaz	אַוָּז (ז)

| kalkoen haan (de) | tarnegol 'hodu | תַּרְנְגוֹל הוֹדוּ (ז) |
| kalkoen (de) | tarne'golet 'hodu | תַּרְנְגוֹלֶת הוֹדוּ (נ) |

huisdieren (mv.)	χayot 'bayit	חַיּוֹת בַּיִת (נ"ר)
tam (bijv. hamster)	mevuyat	מְבוּיָת
temmen (tam maken)	levayet	לְבַיֵּת
fokken (bijv. paarden ~)	lehar'bi'a	לְהַרְבִּיעַ

boerderij (de)	χava	חַוָּה (נ)
gevogelte (het)	ofot 'bayit	עוֹפוֹת בַּיִת (נ"ר)
rundvee (het)	bakar	בָּקָר (ז)
kudde (de)	'eder	עֵדֶר (ז)

paardenstal (de)	urva	אוּרְוָה (נ)
zwijnenstal (de)	dir χazirim	דִּיר חֲזִירִים (ז)
koeienstal (de)	'refet	רֶפֶת (נ)
konijnenhok (het)	arnaviya	אַרְנָבִיָּה (נ)
kippenhok (het)	lul	לוּל (ז)

90. Vogels

vogel (de)	tsipor	צִיפּוֹר (נ)
duif (de)	yona	יוֹנָה (נ)
mus (de)	dror	דְּרוֹר (ז)
koolmees (de)	yargazi	יַרְגָּזִי (ז)
ekster (de)	orev neχalim	עוֹרֵב נְחָלִים (ז)
raaf (de)	orev ʃaχor	עוֹרֵב שָׁחוֹר (ז)

kraai (de)	orev afor	עוֹרֵב אָפֹר (ז)
kauw (de)	ka'ak	קָאָק (ז)
roek (de)	orev hamizra	עוֹרֵב הַמִּזְרָע (ז)
eend (de)	barvaz	בַּרְוָז (ז)
gans (de)	avaz	אַוָּז (ז)
fazant (de)	pasyon	פַּסְיוֹן (ז)
arend (de)	'ayit	עַיִט (ז)
havik (de)	nets	נֵץ (ז)
valk (de)	baz	בַּז (ז)
gier (de)	ozniya	עוֹזְנִיָּה (ז)
condor (de)	kondor	קוֹנְדוֹר (ז)
zwaan (de)	barbur	בַּרְבּוּר (ז)
kraanvogel (de)	agur	עָגוּר (ז)
ooievaar (de)	χasida	חֲסִידָה (נ)
papegaai (de)	'tuki	תֻּכִּי (ז)
kolibrie (de)	ko'libri	קוֹלִיבְּרִי (ז)
pauw (de)	tavas	טַוָּס (ז)
struisvogel (de)	bat ya'ana	בַּת יַעֲנָה (נ)
reiger (de)	anafa	אֲנָפָה (נ)
flamingo (de)	fla'mingo	פְלָמִינְגוֹ (ז)
pelikaan (de)	saknai	שַׂקְנַאי (ז)
nachtegaal (de)	zamir	זָמִיר (ז)
zwaluw (de)	snunit	סְנוּנִית (נ)
lijster (de)	kiχli	קִיכְלִי (ז)
zanglijster (de)	kiχli mezamer	קִיכְלִי מְזַמֵּר (ז)
merel (de)	kiχli ʃaχor	קִיכְלִי שָׁחֹר (ז)
gierzwaluw (de)	sis	סִיס (ז)
leeuwerik (de)	efroni	עֶפְרוֹנִי (ז)
kwartel (de)	slav	שְׂלָיו (ז)
specht (de)	'neker	נַקָּר (ז)
koekoek (de)	kukiya	קוּקִיָּה (נ)
uil (de)	yanʃuf	יַנְשׁוּף (ז)
oehoe (de)	'oaχ	אוֹחַ (ז)
auerhoen (het)	seχvi 'ya'ar	שְׂכְוִי יַעַר (ז)
korhoen (het)	seχvi	שְׂכְוִי (ז)
patrijs (de)	χogla	חוֹגְלָה (נ)
spreeuw (de)	zarzir	זַרְזִיר (ז)
kanarie (de)	ka'narit	קָנָרִית (נ)
hazelhoen (het)	seχvi haya'arot	שְׂכְוִי הַיְּעָרוֹת (ז)
vink (de)	paroʃ	פָּרוֹשׁ (ז)
goudvink (de)	admonit	אַדְמוֹנִית (נ)
meeuw (de)	'ʃaχaf	שַׁחַף (ז)
albatros (de)	albatros	אַלְבַּטְרוֹס (ז)
pinguïn (de)	pingvin	פִּינְגְּוִין (ז)

91. Vis. Zeedieren

brasem (de)	avroma	אַברוֹמָה (נ)
karper (de)	karpiyon	קַרְפְּיוֹן (ז)
baars (de)	'okunus	אוֹקוּנוּס (ז)
meerval (de)	sfamnun	שְׂפַמְנוּן (ז)
snoek (de)	ze'ev 'mayim	זְאֵב מַיִם (ז)
zalm (de)	'salmon	סַלְמוֹן (ז)
steur (de)	xidkan	חִדְקָן (ז)
haring (de)	ma'liax	מָלִיחַ (ז)
atlantische zalm (de)	iltit	אִילְתִּית (נ)
makreel (de)	makarel	מָקָרֶל (ז)
platvis (de)	dag moʃe ra'benu	דַג מֹשֶׁה רַבֵּנוּ (ז)
snoekbaars (de)	amnun	אַמְנוּן (ז)
kabeljauw (de)	ʃibut	שִׁיבּוּט (ז)
tonijn (de)	'tuna	טוּנָה (נ)
forel (de)	forel	פוֹרֶל (ז)
paling (de)	tslofax	צְלוֹפַח (ז)
sidderrog (de)	trisanit	תְּרִיסָנִית (נ)
murene (de)	mo'rena	מוֹרֶנָה (נ)
piranha (de)	pi'ranya	פִּירַנְיָה (נ)
haai (de)	kariʃ	כָּרִישׁ (ז)
dolfijn (de)	dolfin	דוֹלְפִין (ז)
walvis (de)	livyatan	לִוְיָתָן (ז)
krab (de)	sartan	סַרְטָן (ז)
kwal (de)	me'duza	מֶדוּזָה (נ)
octopus (de)	tamnun	תַּמְנוּן (ז)
zeester (de)	koxav yam	כּוֹכַב יָם (ז)
zee-egel (de)	kipod yam	קִיפּוֹד יָם (ז)
zeepaardje (het)	suson yam	סוּסוֹן יָם (ז)
oester (de)	tsidpa	צִדְפָּה (נ)
garnaal (de)	xasilon	חֲסִילוֹן (ז)
kreeft (de)	'lobster	לוֹבְּסְטֶר (ז)
langoest (de)	'lobster kotsani	לוֹבְּסְטֶר קוֹצָנִי (ז)

92. Amfibieën. Reptielen

slang (de)	naxaʃ	נָחָשׁ (ז)
giftig (slang)	arsi	אַרְסִי
adder (de)	'tsefa	צֶפַע (ז)
cobra (de)	'peten	פֶּתֶן (ז)
python (de)	piton	פִּיתוֹן (ז)
boa (de)	xanak	חֲנָק (ז)
ringslang (de)	naxaʃ 'mayim	נְחַשׁ מַיִם (ז)

ratelslang (de)	ʃfifon	שְׁפִיפוֹן (ז)
anaconda (de)	ana'konda	אָנָקוֹנְדָה (נ)
hagedis (de)	leta'a	לְטָאָה (נ)
leguaan (de)	igu''ana	אִיגוּאָנָה (נ)
varaan (de)	'koaχ	כֹּחַ (ז)
salamander (de)	sala'mandra	סָלָמַנְדְרָה (נ)
kameleon (de)	zikit	זִיקִית (נ)
schorpioen (de)	akrav	עַקְרָב (ז)
schildpad (de)	tsav	צָב (ז)
kikker (de)	tsfar'de'a	צְפַרְדֵעַ (נ)
pad (de)	karpada	קַרְפָּדָה (נ)
krokodil (de)	tanin	תַנִין (ז)

93. Insecten

insect (het)	χarak	חָרָק (ז)
vlinder (de)	parpar	פַּרְפַּר (ז)
mier (de)	nemala	נְמָלָה (נ)
vlieg (de)	zvuv	זְבוּב (ז)
mug (de)	yatuʃ	יַתוּשׁ (ז)
kever (de)	χipuʃit	חִיפּוּשִׁית (נ)
wesp (de)	tsir'a	צִרְעָה (נ)
bij (de)	dvora	דְבוֹרָה (נ)
hommel (de)	dabur	דַבּוּר (ז)
horzel (de)	zvuv hasus	זְבוּב הַסוּס (ז)
spin (de)	akaviʃ	עַכָּבִישׁ (ז)
spinnenweb (het)	kurei akaviʃ	קוּרֵי עַכָּבִישׁ (ז"ר)
libel (de)	ʃapirit	שְׁפִירִית (נ)
sprinkhaan (de)	χagav	חָגָב (ז)
nachtvlinder (de)	aʃ	עָשׁ (ז)
kakkerlak (de)	makak	מַקָק (ז)
mijt (de)	kartsiya	קַרְצִיָה (נ)
vlo (de)	par'oʃ	פַּרְעוֹשׁ (ז)
kriebelmug (de)	yavχuʃ	יַבְחוּשׁ (ז)
treksprinkhaan (de)	arbe	אַרְבֶּה (ז)
slak (de)	χilazon	חִילָזוֹן (ז)
krekel (de)	tsartsar	צְרָצַר (ז)
glimworm (de)	gaχlilit	גַחְלִילִית (נ)
lieveheersbeestje (het)	parat moʃe ra'benu	פָּרַת מֹשֶׁה רַבֵּנוּ (נ)
meikever (de)	χipuʃit aviv	חִיפּוּשִׁית אָבִיב (נ)
bloedzuiger (de)	aluka	עֲלוּקָה (נ)
rups (de)	zaχal	זַחַל (ז)
aardworm (de)	to'la'at	תוֹלַעַת (נ)
larve (de)	'deren	דֶרֶן (ז)

FLORA

94. Bomen

boom (de)	ets	עֵץ (ז)
loof- (abn)	naʃir	נָשִׁיר
dennen- (abn)	maχtani	מַחטָנִי
groenblijvend (bn)	yarok ad	יָרוֹק עַד
appelboom (de)	ta'puaχ	תַפּוּחַ (ז)
perenboom (de)	agas	אַגָּס (ז)
zoete kers (de)	gudgedan	גּוּדגְדָן (ז)
zure kers (de)	duvdevan	דוּבדְבָן (ז)
pruimelaar (de)	ʃezif	שְׁזִיף (ז)
berk (de)	ʃadar	שְׁדָר (ז)
eik (de)	alon	אַלוֹן (ז)
linde (de)	'tilya	טִילִיָה (נ)
esp (de)	aspa	אַספָּה (נ)
esdoorn (de)	'eder	אֶדֶר (ז)
spar (de)	a'ʃuaχ	אַשׁוּחַ (ז)
den (de)	'oren	אוֹרֶן (ז)
lariks (de)	arzit	אַרזִית (נ)
zilverspar (de)	a'ʃuaχ	אַשׁוּחַ (ז)
ceder (de)	'erez	אֶרֶז (ז)
populier (de)	tsaftsefa	צַפּצֵפָה (נ)
lijsterbes (de)	ben χuzrar	בֶּן־חוּזרָר (ז)
wilg (de)	arava	עֲרָבָה (נ)
els (de)	alnus	אַלנוּס (ז)
beuk (de)	aʃur	אָשׁוּר (ז)
iep (de)	bu'kitsa	בּוּקִיצָה (נ)
es (de)	mela	מֵילָה (נ)
kastanje (de)	armon	עַרמוֹן (ז)
magnolia (de)	mag'nolya	מַגנוֹלִיָה (נ)
palm (de)	'dekel	דֶקֶל (ז)
cipres (de)	broʃ	בְּרוֹשׁ (ז)
mangrove (de)	mangrov	מַנגרוֹב (ז)
baobab (apenbroodboom)	ba'obab	בָּאוֹבָּב (ז)
eucalyptus (de)	eika'liptus	אֵיקָלִיפּטוּס (ז)
mammoetboom (de)	sek'voya	סֶקווֹיָה (נ)

95. Heesters

struik (de)	'siaχ	שִׂיחַ (ז)
heester (de)	'siaχ	שִׂיחַ (ז)

| wijnstok (de) | 'gefen | גֶּפֶן (ז) |
| wijngaard (de) | 'kerem | כֶּרֶם (ז) |

frambozenstruik (de)	'petel	פֶּטֶל (ז)
zwarte bes (de)	'siaχ dumdemaniyot ʃχorot	שִׂיחַ דּוּמְדְּמָנִיּוֹת שְׁחוֹרוֹת (ז)
rode bessenstruik (de)	'siaχ dumdemaniyot adumot	שִׂיחַ דּוּמְדְּמָנִיּוֹת אֲדוּמּוֹת (ז)
kruisbessenstruik (de)	χazarzar	חֲזַרְזַר (ז)

acacia (de)	ʃita	שִׁיטָה (נ)
zuurbes (de)	berberis	בַּרְבֶּרִיס (ז)
jasmijn (de)	yasmin	יַסְמִין (ז)

jeneverbes (de)	ar'ar	עַרְעָר (ז)
rozenstruik (de)	'siaχ vradim	שִׂיחַ וְרָדִים (ז)
hondsroos (de)	'vered bar	וֶרֶד בָּר (ז)

96. Vruchten. Bessen

vrucht (de)	pri	פְּרִי (ז)
vruchten (mv.)	perot	פֵּרוֹת (ז"ר)
appel (de)	ta'puaχ	תַּפּוּחַ (ז)
peer (de)	agas	אַגָּס (ז)
pruim (de)	ʃezif	שְׁזִיף (ז)

aardbei (de)	tut sade	תּוּת שָׂדֶה (ז)
zure kers (de)	duvdevan	דּוּבְדְּבָן (ז)
zoete kers (de)	gudgedan	גּוּדְגְּדָן (ז)
druif (de)	anavim	עֲנָבִים (ז"ר)

framboos (de)	'petel	פֶּטֶל (ז)
zwarte bes (de)	dumdemanit ʃχora	דּוּמְדְּמָנִית שְׁחוֹרָה (נ)
rode bes (de)	dumdemanit aduma	דּוּמְדְּמָנִית אֲדוּמָּה (נ)
kruisbes (de)	χazarzar	חֲזַרְזַר (ז)
veenbes (de)	χamutsit	חֲמוּצִית (נ)

sinaasappel (de)	tapuz	תַּפּוּז (ז)
mandarijn (de)	klemen'tina	קְלֶמֶנְטִינָה (נ)
ananas (de)	'ananas	אֲנָנָס (ז)

| banaan (de) | ba'nana | בַּנָּנָה (נ) |
| dadel (de) | tamar | תָּמָר (ז) |

citroen (de)	limon	לִימוֹן (ז)
abrikoos (de)	'miʃmeʃ	מִשְׁמֵשׁ (ז)
perzik (de)	afarsek	אֲפַרְסֵק (ז)

| kiwi (de) | 'kivi | קִיוִוי (ז) |
| grapefruit (de) | eʃkolit | אֶשְׁכּוֹלִית (נ) |

bes (de)	garger	גַּרְגַּר (ז)
bessen (mv.)	gargerim	גַּרְגְּרִים (ז"ר)
vossenbes (de)	uχmanit aduma	אוּכְמָנִית אֲדוֹמָה (נ)
bosaardbei (de)	tut 'ya'ar	תּוּת יַעַר (ז)
bosbes (de)	uχmanit	אוּכְמָנִית (נ)

97. Bloemen. Planten

bloem (de)	'peraχ	פֶּרַח (ז)
boeket (het)	zer	זֵר (ז)
roos (de)	'vered	וֶרֶד (ז)
tulp (de)	tsiv'oni	צִבְעוֹנִי (ז)
anjer (de)	tsi'poren	צִפּוֹרֶן (ז)
gladiool (de)	glad'yola	גְלַדִיוֹלָה (נ)
korenbloem (de)	dganit	דְגָנִיָה (נ)
klokje (het)	pa'amonit	פַּעֲמוֹנִית (נ)
paardenbloem (de)	ʃinan	שִׁנָן (ז)
kamille (de)	kamomil	קָמוֹמִיל (ז)
aloë (de)	alvai	אַלְוַי (ז)
cactus (de)	'kaktus	קַקְטוּס (ז)
ficus (de)	'fikus	פִיקוּס (ז)
lelie (de)	ʃoʃana	שׁוֹשַׁנָה (נ)
geranium (de)	ge'ranyum	גֶרָנְיוּם (ז)
hyacint (de)	yakinton	יָקִינְטוֹן (ז)
mimosa (de)	mi'moza	מִימוֹזָה (נ)
narcis (de)	narkis	נַרְקִיס (ז)
Oostindische kers (de)	'kova hanazir	כּוֹבַע הַנָזִיר (ז)
orchidee (de)	saχlav	סַחְלָב (ז)
pioenroos (de)	admonit	אַדְמוֹנִית (נ)
viooltje (het)	sigalit	סִיגָלִית (נ)
driekleurig viooltje (het)	amnon vetamar	אַמְנוֹן וְתָמָר (ז)
vergeet-mij-nietje (het)	ziχ'rini	זְכְרִינִי (ז)
madeliefje (het)	marganit	מַרְגָנִית (נ)
papaver (de)	'pereg	פֶּרֶג (ז)
hennep (de)	ka'nabis	קָנַאבִּיס (ז)
munt (de)	'menta	מֶנְתָה (נ)
lelietje-van-dalen (het)	zivanit	זִיוָנִית (נ)
sneeuwklokje (het)	ga'lantus	גָלַנְטוּס (ז)
brandnetel (de)	sirpad	סִרְפָּד (ז)
veldzuring (de)	χum'a	חוּמְעָה (נ)
waterlelie (de)	nufar	נוּפָר (ז)
varen (de)	ʃaraχ	שָׂרָךְ (ז)
korstmos (het)	χazazit	חֲזָזִית (נ)
oranjerie (de)	χamama	חֲמָמָה (נ)
gazon (het)	midʃa'a	מִדְשָׁאָה (נ)
bloemperk (het)	arugat praχim	עֲרוּגַת פְּרָחִים (נ)
plant (de)	'tsemaχ	צֶמַח (ז)
gras (het)	'deʃe	דֶשֶׁא (ז)
grasspriet (de)	giv'ol 'esev	גִבְעוֹל עֵשֶׂב (ז)

blad (het)	ale	עָלֶה (ז)
bloemblad (het)	ale ko'teret	עָלֶה כּוֹתֶרֶת (ז)
stengel (de)	giv'ol	גִּבְעוֹל (ז)
knol (de)	'pka'at	פְּקַעַת (נ)
scheut (de)	'nevet	נֶבֶט (ז)
doorn (de)	kots	קוֹץ (ז)
bloeien (ww)	lif'roax	לִפְרוֹחַ
verwelken (ww)	linbol	לִנְבּוֹל
geur (de)	'reax	רֵיחַ (ז)
snijden (bijv. bloemen ~)	ligzom	לִגְזוֹם
plukken (bloemen ~)	liktof	לִקְטוֹף

98. Granen, graankorrels

graan (het)	tvu'a	תְּבוּאָה (נ)
graangewassen (mv.)	dganim	דְּגָנִים (ז"ר)
aar (de)	ʃi'bolet	שִׁיבּוֹלֶת (נ)
tarwe (de)	xita	חִיטָה (נ)
rogge (de)	ʃifon	שִׁיפוֹן (ז)
haver (de)	ʃi'bolet ʃu'al	שִׁיבּוֹלֶת שׁוּעָל (נ)
gierst (de)	'doxan	דּוֹחַן (ז)
gerst (de)	se'ora	שְׂעוֹרָה (נ)
maïs (de)	'tiras	תִּירָס (ז)
rijst (de)	'orez	אוֹרֶז (ז)
boekweit (de)	ku'semet	כּוּסֶמֶת (נ)
erwt (de)	afuna	אֲפוּנָה (נ)
boon (de)	ʃu'it	שְׁעוּעִית (נ)
soja (de)	'soya	סוֹיָה (נ)
linze (de)	adaʃim	עֲדָשִׁים (נ"ר)
bonen (mv.)	pol	פּוֹל (ז)

LANDEN VAN DE WERELD

99. Landen. Deel 1

Afghanistan (het)	afganistan	אַפְגָּנִיסְטָן (נ)
Albanië (het)	al'banya	אַלְבַּנְיָה (נ)
Argentinië (het)	argen'tina	אַרְגֶּנְטִינָה (נ)
Armenië (het)	ar'menya	אַרְמֶנְיָה (נ)
Australië (het)	ost'ralya	אוֹסְטְרַלְיָה (נ)
Azerbeidzjan (het)	azerbaidʒan	אָזֶרְבַּייגָ'ן (נ)
Bahama's (mv.)	iyey ba'hama	אִיֵּי בָּהָאמָה (ז"ר)
Bangladesh (het)	bangladeʃ	בַּנְגְלָדָשׁ (נ)
België (het)	'belgya	בֶּלְגִיָה (נ)
Bolivia (het)	bo'livya	בּוֹלִיבִיָה (נ)
Bosnië en Herzegovina (het)	'bosniya	בּוֹסְנְיָה (נ)
Brazilië (het)	brazil	בְּרָזִיל (נ)
Bulgarije (het)	bul'garya	בּוּלְגַרְיָה (נ)
Cambodja (het)	kam'bodya	קַמְבּוֹדְיָה (נ)
Canada (het)	'kanada	קַנָדָה (נ)
Chili (het)	'tʃile	צִ'ילֶה (נ)
China (het)	sin	סִין (נ)
Colombia (het)	ko'lombya	קוֹלוֹמְבִּיָה (נ)
Cuba (het)	'kuba	קוּבָּה (נ)
Cyprus (het)	kafrisin	קַפְרִיסִין (נ)
Denemarken (het)	'denemark	דֶנְמַרְק (נ)
Dominicaanse Republiek (de)	hare'publika hadomeni'kanit	הָרֶפּוּבְּלִיקָה הַדוֹמִינִיקָנִית (נ)
Duitsland (het)	ger'manya	גֶרְמַנְיָה (נ)
Ecuador (het)	ekvador	אֶקְוָדוֹר (נ)
Egypte (het)	mits'rayim	מִצְרַיִם (נ)
Engeland (het)	'angliya	אַנְגְלְיָה (נ)
Estland (het)	es'tonya	אֶסְטוֹנְיָה (נ)
Finland (het)	'finland	פִינְלַנְד (נ)
Frankrijk (het)	tsarfat	צָרְפַת (נ)
Frans-Polynesië	poli'nezya hatsarfatit	פּוֹלִינֶזְיָה הַצָּרְפָתִית (נ)
Georgië (het)	'gruzya	גְרוּזְיָה (נ)
Ghana (het)	'gana	גָאנָה (נ)
Griekenland (het)	yavan	יָוָון (נ)
Groot-Brittannië (het)	bri'tanya hagdola	בְּרִיטַנְיָה הַגְדוֹלָה (נ)
Haïti (het)	ha''iti	הָאִיטִי (נ)
Hongarije (het)	hun'garya	הוֹנְגַרְיָה (נ)
Ierland (het)	'irland	אִירְלַנְד (נ)
IJsland (het)	'island	אִיסְלַנְד (נ)
India (het)	'hodu	הוֹדוּ (נ)
Indonesië (het)	indo'nezya	אִינדוֹנֶזְיָה (נ)

Irak (het)	irak	עִירָאק (נ)
Iran (het)	iran	אִירָן (נ)
Israël (het)	yisra'el	יִשׂרָאֵל (נ)
Italië (het)	i'talya	אִיטַליָה (נ)

100. Landen. Deel 2

Jamaica (het)	dʒa'maika	גָ'מָייקָה (נ)
Japan (het)	yapan	יָפָן (נ)
Jordanië (het)	yarden	יַרדֵן (נ)
Kazakstan (het)	kazaχstan	קָזַחסטָן (נ)
Kenia (het)	'kenya	קֶניָה (נ)
Kirgizië (het)	kirgizstan	קִירגִיזסטָן (נ)
Koeweit (het)	kuveit	כּוּוֵית (נ)
Kroatië (het)	kro''atya	קרוֹאַטיָה (נ)
Laos (het)	la'os	לָאוֹס (נ)
Letland (het)	'latviya	לַטבִיָה (נ)
Libanon (het)	levanon	לְבָנוֹן (נ)
Libië (het)	luv	לוּב (נ)
Liechtenstein (het)	liχtenʃtain	לִיכטֶנשטַיין (נ)
Litouwen (het)	'lita	לִיטָא (נ)
Luxemburg (het)	luksemburg	לוּקסֶמבּוּרג (נ)
Macedonië (het)	make'donya	מָקֶדוֹניָה (נ)
Madagaskar (het)	madagaskar	מָדָגַסקָר (ז)
Maleisië (het)	ma'lezya	מָלֵזיָה (נ)
Malta (het)	'malta	מַלטָה (נ)
Marokko (het)	ma'roko	מָרוֹקוֹ (נ)
Mexico (het)	'meksiko	מֶקסִיקוֹ (נ)
Moldavië (het)	mol'davya	מוֹלדַבִיָה (נ)
Monaco (het)	mo'nako	מוֹנָקוֹ (נ)
Mongolië (het)	mon'golya	מוֹנגוֹליָה (נ)
Montenegro (het)	monte'negro	מוֹנטֶנֶגרוֹ (נ)
Myanmar (het)	miyanmar	מיַאנמָר (נ)
Namibië (het)	na'mibya	נָמִיבּיָה (נ)
Nederland (het)	'holand	הוֹלַנד (נ)
Nepal (het)	nepal	נֶפָּאל (נ)
Nieuw-Zeeland (het)	nyu 'ziland	נִיו זִילַנד (נ)
Noord-Korea (het)	ko'rei'a hatsfonit	קוֹרֵיאָה הַצפוֹנִית (נ)
Noorwegen (het)	nor'vegya	נוֹרבֶגיָה (נ)
Oekraïne (het)	uk'rayna	אוּקרָאִינָה (נ)
Oezbekistan (het)	uzbekistan	אוּזבֵּקִיסטָן (נ)
Oostenrijk (het)	'ostriya	אוֹסטרִיָה (נ)

101. Landen. Deel 3

Pakistan (het)	pakistan	פָּקִיסטָן (נ)
Palestijnse autonomie (de)	falastin	פָּלֶסטִין (נ)
Panama (het)	pa'nama	פָּנָמָה (נ)

Paraguay (het)	paragvai	פָּרָגְווָאי (נ)
Peru (het)	peru	פֶּרוּ (נ)
Polen (het)	polin	פּוֹלִין (נ)
Portugal (het)	portugal	פּוֹרְטוּגָל (נ)
Roemenië (het)	ro'manya	רוֹמַנְיָה (נ)
Rusland (het)	'rusya	רוּסְיָה (נ)
Saoedi-Arabië (het)	arav hasa'udit	עֲרַב הַסְעוּדִית (נ)
Schotland (het)	'skotland	סְקוֹטְלֶנְד (נ)
Senegal (het)	senegal	סֶנֶגָל (נ)
Servië (het)	'serbya	סֶרְבִּיָה (נ)
Slovenië (het)	slo'venya	סְלוֹבֶנְיָה (נ)
Slowakije (het)	slo'vakya	סְלוֹבַקְיָה (נ)
Spanje (het)	sfarad	סְפָרַד (נ)
Suriname (het)	surinam	סוּרִינָאם (נ)
Syrië (het)	'surya	סוּרְיָה (נ)
Tadzjikistan (het)	tadʒikistan	טָגְ׳יקִיסְטָן (נ)
Taiwan (het)	taivan	טַייוָון (נ)
Tanzania (het)	tan'zanya	טַנְזָנְיָה (נ)
Tasmanië (het)	tas'manya	טַסְמַנְיָה (נ)
Thailand (het)	'tailand	תַאִילֶנְד (נ)
Tsjechië (het)	'tʃeχya	צֶ׳כִיָה (נ)
Tunesië (het)	tu'nisya	טוּנִיסְיָה (נ)
Turkije (het)	'turkiya	טוּרְקְיָה (נ)
Turkmenistan (het)	turkmenistan	טוּרקְמֶנִיסְטָן (נ)
Uruguay (het)	urugvai	אוּרוּגְווָאי (נ)
Vaticaanstad (de)	vatikan	וָתִיקָן (ז)
Venezuela (het)	venetsu''ela	וֶנֶצוּאֶלָה (נ)
Verenigde Arabische Emiraten	iχud ha'emi'royot ha'araviyot	אִיחוּד הָאֱמִירוּיוֹת הָעֲרָבִיוֹת (ז)
Verenigde Staten van Amerika	artsot habrit	אַרְצוֹת הַבְּרִית (נ״ר)
Vietnam (het)	vyetnam	וִייֶטְנָאם (נ)
Wit-Rusland (het)	'belarus	בֶּלָרוּס (נ)
Zanzibar (het)	zanzibar	זַנְזִיבָּר (נ)
Zuid-Afrika (het)	drom 'afrika	דְרוֹם אַפְרִיקָה (נ)
Zuid-Korea (het)	ko'rei'a hadromit	קוֹרֵיאָה הַדְרוֹמִית (נ)
Zweden (het)	'ʃvedya	שְבֶדְיָה (נ)
Zwitserland (het)	'ʃvaits	שְווַייץ (נ)